경영과 관리,
그 기본적 스킬

경영과 관리,
그 기본적 스킬

ⓒ 백승학, 2020

초판 1쇄 발행 2020년 7월 17일

지은이   백승학
펴낸이   이기봉
편집   좋은땅 편집팀
펴낸곳   도서출판 좋은땅
주소   서울 마포구 성지길 25 보광빌딩 2층
전화   02)374-8616~7
팩스   02)374-8614
이메일   gworldbook@naver.com
홈페이지   www.g-world.co.kr

ISBN   979-11-6536-606-3 (03320)

이 도서의 국립중앙도서관 출판예정도서목록(CIP)은 서지정보유통지원시스템 홈페이지(http://seoji.nl.go.kr)와 국가자료공동목록시스템(http://www.nl.go.kr/kolisnet)에서 이용하실 수 있습니다. (CIP제어번호 : CIP2020028086)

중소기업 CEO/관리자를 위한 **업무 활용 지침서**

경영과 관리, 그 기본적 스킬

저자 **백승학**

경영지도사/전문위원 (중소기업 경영도우미)

좋은땅

출간에 부쳐

저는 대학교를 졸업하던 해에 직장생활을 LG그룹에서 시작하여 '기획'을 필두로 '원가, 인사, 구매, 재경(財經), 경영진단, 윤리' 등의 핵심 업무를 21년간 담당했었습니다. LG그룹 퇴사 2년 전부터 협력사 대상으로 경영진단/지도 업무를 병행했던 것이 계기가 되어 LG그룹 재직 기간에 상응되는 시간만큼 현재까지 중소기업 대상의 경영컨설팅업에 종사하고 있는 중입니다.

LG협력사들에 대해 최초로 진단을 시행할 때에 그들과 대기업 간에 격차가 여러 면에서—특히 업무시스템에서도 매우 크다는 것을 알게 되었으며, 그때부터 중소기업들의 경영 여건을 개선해 보고자 하는 투철한 사명감을 안고 미력하나마 저의 지식과 업무 경험을 총동원하여 지금까지도 이를 실천해 보고자 노력하고 있습니다.

저는 그동안 크고 작은 컨설팅 사례(100여 건)를 보유하였는데 이를 회고해 보는 과정에서 또한 제가 직접 만나 보았던 기업들 임직원 분들과의 대화를 상기해 보면, '중소기업 경영에 필요한 업무 가이드가 진작에 있었더라면 훨씬 좋았겠다'라는 생각을 오래전부터 갖게 되었습니다. 물론, 일부 중소벤처기업청이나 특정 기관에서 펴낸 책들(예를 들어, 『기업 비즈니스 길라잡이』)이 더러 있어 왔습니다만, 일부 내용들은 기업 현실과 동떨어진 부분이 있다든지 기획 등 필수 기능에 대한 언급은 전혀 없는 등 이들 책을 참고하기엔 한계점이 있다고 판단되어 이에 제가 한번 직접 저술해 보고자 하는 마음을 먹게 된 것입니다.

　본 책은 기업경영의 주요 기능들을 Value Chain 전개에 맞춰 영업/마케팅에서부터 시작하여 연구개발-구매/자재-생산/품질까지를 1차적 기능으로 하고, 기획 기능과 함께 경영지원(총무/인사-회계/자금 등) 기능을 2차적으로 기술하였습니다.

　각 기능들에 대해 필수 개념 위주로 정리함과 동시에 주요 관리 포인트를 체계적으로 부각시켰으며, 특히 각 기능에다가 저의 고유 컨설팅 사례 중 인용 가능한 것을 적절히 매칭시켜 현장감을 살리고자 한 것이 주요 특징입니다. 또한 중소기업 대부분이 소홀히 해온 '기획' 기능에도 지면 상당량을 할애하여 '부록' 내용과 함께 기업 실무의 활용도를 높이고자 하였음을 첨언합니다.

　충분치는 않겠지만 기업에 꼭 필요한 내용으로 구성된 본 책이 모쪼록 중소기업 실무현장에 널리 활용되기를 진심으로 기원하는 바입니다. 감사합니다.

2020년 7월

경영지도사 백승학 드림(예방경영관리 Instructor)

목차

출간에 부쳐   *4*

I

영업/마케팅 기능

1. 영업과 마케팅의 의미 차이   *10*

2. 수주 관리   *12*

3. 고객[사] 관리   *18*

4. 일반 영업 관리   *26*

5. 마케팅 4P 요소별 체크리스트   *35*

II

연구개발 (R&D) 기능

1. 비전(Vision)과 중장기 로드맵(Roadmap)   *38*

2. R&D Project 관리 포인트   *41*

3. Project별 성과 제고방안   *47*

III

구매/자재 기능

1. 전방위(前方位) 구매활동과 관리 포인트   58

2. 후방위(後方位) 구매활동과 관리 포인트   63

3. 입고 관리상 주요 포인트   67

4. 출고 관리상 주요 포인트   70

5. 재고 관리 주요 포인트   72

6. 기말재고 평가 및 재고실사 방법   78

7. 구매종합시스템 구축   87

IV

생산'관리' 기능

1. 작업지시서 관리   89

2. 작업 우선순위와 조정   90

3. 생산계획 대비 실적   91

4. BOM 관리 및 기타   92

V

생산 일반 기능 (품질 포함)

1. 작업일지[생산일지]의 기록 관리   96

2. 납품/출하 관리   99

3. 생산 관련 필수문서와 지표 관리   101

4. 작업장 관리   103

5. 유형자산 관리 및 실사 방법   105

6. 불량률 집계 및 품질 관리   116

VI

기획 기능

1. 기획	*124*
2. 심사	*138*
3. CEO 보좌/全社的 의사결정 지원	*150*
4. 요구되는 경영사조(思潮)에 대응	*156*

VII

인사/조직 기능

1. 일반적인 관리 포인트	*162*
2. 노무/산재 관리의 주요 포인트	*173*
3. 조직도 정비 등 조직 관리	*176*

VIII

회계/자금 기능

1. 회계의 구분과 활용	*186*
2. 자금관리 (운용과 원천)	*192*

IX

총무 기능

1. 제반 규정/기준 관리 198

2. 관재(管財) 199

3. 보험 부보(附保) 200

4. 대외 공식창구 역할 204

5. 각종 회의체 운영 205

X

기타 기능

1. IT 관리 207

2. 보안/ 영업비밀 211

3. 제품규격/시스템 인증 212

부록

1. 기능별 요구되는 주요 업무 (요약) 214

2. P-D-S에 의한 연간 업무계획(Biz Calendar) 예시 225

3. Plan-Do-See를 반영한 조직도 예시 228

4. 회사 운영에 필요한 규정/기준 목록 예시 229

5. 경영계획 작성양식 예시 (일부) 232

I 영업/마케팅 기능

1. 영업과 마케팅의 의미 차이

[사례 1]

2009년 7월, 필자가 컨설팅 건으로 방문한 경기도 시화공단 내의 A 사 조직도에는 우리가 흔히 영업업무를 수행한다고 생각하는 부서의 이름이 '영업부'가 아닌 '마케팅부'라고 표시되어 있었다. 그렇게 명명된 경위를 물어보니 정작 해당 부서장은 대답을 하지 못했고 대표이사의 설명은 기대와는 사뭇 다르게, 마케팅을 단순히 판매촉진(sales promotion)의 의미로 알고 그러한 쪽에 신경 써 수주활동을 하라고 그렇게 이름을 붙였다는 것이었다. 부서 업무를 파악해 보니 그 부서는 보통의 영업부서—그것도 제 기능에 충실하지도 못한—에 불과하였고, CEO는 마케팅을 영업보다 하위의 개념으로 그것도 폭 좁게 이해하고 있었던 것이다.

위 사례는 비단 A 사에 국한된 것이 아니다. 필자가 이제까지 만나 본 중소기업들의 임원진/부서장들 상당수가 아직도 '영업'과 '마케팅' 의미 차이도 모른 채 업무를 수행하는 것을 많이 보아 왔다.

그러면 이들의 의미는 어떻게 다른가? 먼저, 마케팅에 대한 기본 개념을 소개하면 다음과 같다.

마케팅이란 기업이 경쟁하에서 생존과 성장 목적을 달성하기 위해 고객을 만족시키는 제품/가격/유통/촉진 활동을 계획하고 집행하는 일련의 과정으로 정의된다. 오늘날 기업의 모든 기능은 마케팅 관점에서 한다는 의미로 '전사적 마케팅'(Total Marketing)의 중요성이 강조되어 왔으며, 근래에는 고객과의 관계 강화를 통한 성과실현의 차원에서 CRM(Customer Relation Management)이 부각되기에 이르렀다.

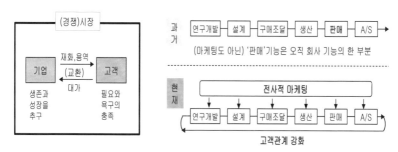

위와 같이 마케팅은 제품을 개발하는 것에서부터 시작하여 제품을 고객에게 제공하고 이를 통해 고객에게 가치를 부여하는 등 일련의 과정을 고객 중심적이며 전사적으로 전개하는 활동이다. 이에 비해 영업의 일반적 기능은 수주-생산독려-납품-수금과 이에 따른 통상적인 고객관리 등 부서 차원의 활동이라고 할 수 있다.

대기업/중견기업 등 큰 규모의 조직에서는 이러한 의미 차이를 명백히 반영하여 일반 영업부서 이외에 마케팅 부서를 별도로 운영하고 있는 곳이 많다. 중소기업은 인력 운용에 한계가 있어 마케팅 부서를 별도로 두기는 어렵겠지만 이제는 단순한 영업만으로는 충분치 않다는 것을 직시하여 좀 더 마케팅 관점에서의 전사적인 활동을 전개해 나가야 할 것이다.

2. 수주 관리

수주(受注)라 함은 고객으로부터 주문을 받는다는 것인데 이것은 전통적으로 영업 부서원의 가장 중요한 임무로 인식되어 온 기능으로 일반적으로 기업들이 영업부서를 우대해 오고 있는 이유이기도 하다. 이러한 수주 관리에 있어 중요한 Tip은 무엇일까? 필자의 컨설팅 경험으로 보건대 대략 다음의 세 가지 분야로 구분하여 정리해 볼 수 있다.

1) 필수적인 수주정보 유지

수주를 받을 때 흔히 고객의 주문 방법은 아래의 어느 한 가지 또는 두 가지 이상을 병행하는 형태를 취하고 그 주문내용은 다음과 같다.

수주 방법	수주 내용
- 手記 주문서를 Fax/Mail로 수령	- 품명/규격/수량/단가
- 전화나 구두(口頭)로 주문 수령	- 납기요구일
- 전산 프로그램에 의해 주문 수취	- 납품 장소[배송처]
- 별도의 통보 없이 시스템상 주문인식	- 고객의 특정 요구사항
- 기타	- 기타

기업의 모든 활동은 수주로부터 촉발되는 것인 만큼 첫 단추부터 잘 꿰어서 관련 업무를 체계적이며 일관성 있게 전개해 나갈 필요가 있다. 이에 따라 다음과 같은 수주정보를 정확히 유지하여 수주

이후의 생산 및 출하 단계에까지 실시간으로 전사적인 추적 관리가 가능하도록 운용해 나가길 권하는 바이다. (관련 항목은 기업 여건에 따라서 적절히 증감 가능.)

수주 및 생산/출하 현황

수주일	수주 No.	고객명	수주 품목			수주 규모			납기 요구일	생산		출하		미납 현황	비고
			코드	품명	규격	수량	단가	금액		날짜	수량	날짜	수량		

주)

① '수주 No.'는 일련번호로서 결번 없이 매겨지도록 하며, 이후 생산Order(작업지시서) 발행 시에도 이 번호를 그대로 인용하여 일관성을 유지함.

② '수주일~납기요구일'까지는 영업부서가, 이후 항목은 생산(제조) 부서가 해당 정보를 수시로 입력토록 하되 모든 기록 내용의 총괄적인 유지는 영업부서가 맡는 것이 좋음.(→ 고객과의 최접점에 영업부서가 위치하여 고객의 문의 시 신속 대응이 용이)

③ 가급적 본 현황이 수작업보다는 ERP 등 전산프로그램에 의해 운용되고 여기에 고객이 직접 접속하여 동 진행 내용을 수시로 공유 가능하다면 고객만족도가 제고될 것임.

2) 수주잔고(Back-log) 관리

수주잔고라는 것은 모든 고객의 총 수주량에서 생산지시-출하로 연계되지 않고 아직 남아 있는 미집행분을 말하는 바, 이 개념이 필요한 이유는 특히 주문생산 방식의 비즈니스를 영위하는 기업에서 이것을 매출의 선행지표로 활용하여 지속적인 매출 실현에 차질이 없도록 관리해 나가자는 것이다. 즉, 금월까지 생산-매출의 실적이 양호해도 back-log이 별로 남아 있지 않고 이에 따른 아무 조치가 없다면 다음 달 이후의 매출은 부진해질 것이기 때문에 항시 새로운 수주활동을 꾸준히 벌여서 back-log을 여유 있게 채워 놓아야 한다. 대기업 등 큰 규모의 기업에서는 영업현황 보고에 이 수주잔고 내역도 항시 포함시키고 있음을 유념하여 중소기업도 이를 업무에 적용할 필요가 있다.

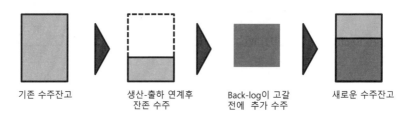

| 기존 수주잔고 | 생산-출하 연계후
잔존 수주 | Back-log이 고갈
전에 추가 수주 | 새로운 수주잔고 |

3) 매출확대 활동-4/4분면 관리

사람이 유아기를 거쳐 청소년, 성인으로 성장하듯이 기업도 설립 이후 매출 신장에 의한 성장 단계를 거치기 마련이다. 이를 위해서 기업들은 저마다 매출확대 노력을 갖가지로 전개 중인데, 이에 관한 매출 4/4분면 관리의 개념을 다음과 같이 소개한다.

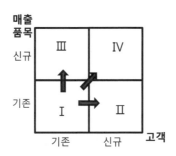

① 그림에 대한 설명

○ I 분면: 기존 고객에게 기존 품목으로 매출을 일으키는 형태로서 설립 후 기업이 어느 정도 자리 잡기까지 이 부분의 매출이 주(主)가 됨.

○ II분면: I 분면에 의한 매출 발생이 정체 시, 기존 품목을 신규 고객에게 매출을 일으키는 형태인데 대개 다음의 III분면 매출과 함께 도모하게 됨.

○ III분면: 기존 고객에게 신규 품목의 매출 발생을 하는 형태임.

○ IV분면: 기타, 신규 매출 품목을 신규 고객에 엮어 매출을 발생시키는 형태로서 II, III 분면보다는 통상 후발 단계로 진행됨.

※ 매출 4/4분면의 사이클 순환: I → II, III → IV → I …. 즉, 매출이 최초 I 분면에서 시작되어 이후 매출 확대 과정에서 II, III을 거쳐 IV분면까지 진행되지만 일정 기간 경과 후에는 결국 모두 다시 I 분면 상태가 되기 때문에 또 다시 II, III → IV분면으로의 확대 과정이 반복되는 사이클 순환이 이루어진다는 것임.

② 매출확대 활동

○ I → II분면: 기존 매출 아이템으로써 신규 고객을 개척하는 활동인데, 구체적인 내용으로는 다음과 같은 것을 들어 볼 수 있다.

○ 매출 품목을 잠재 고객에게 최대한 노출시키는 활동(예: 특정 매체에 광고, 전문잡지나 신문에 홍보기사 게재, 관련 전시회에 참가, 당사 홈페이지 정비, SNS나 유튜브에 의한 홍보/판촉활동 등)

○ 기존 고객이 신규 고객을 소개토록 유도(고객 호평에 의한 구전마케팅 → 매출 발생 시 소정의 혜택 부여)

○ 인적 판매활동 강화(예: 숖 직원의 세일즈맨化, 판매전문가를 고용하여 매출실적에 따른 인센티브 제공)

[사례 2]

반월공단에 위치한 B 사의 2003년도 고객사를 필자가 분석한 결과, 3년 이상의 고정적 수주를 주는 곳은 40%에 불과하였고 나머지 60%는 거래 계속 연수가 불규칙하거나 중도 단절 내지 신규업체로 나타났다. 당시 이 회사의 매출액은 180억 원 정도로 동종산업 평균보다는 높은 성장률을 보이고 있었다. 중요한 점은, 이 회사의 고객사 중 매년 1/3 정도가 꾸준히 이탈하는 바람에 이를 메꾸려고 신규 고객사를 계속해서 개척하지 않을 수 없었다는 것이다. 만약 기존 고객사를 놓치지 않고 그 기반 위에 신규 고객을 추가하여 매출을 증대해 왔더라면 훨씬 성과가 좋았을 것이라는 아쉬운 생각이 들었다.

○ I → III분면: 기존 고객들과 거래하다 보면 시장 등의 환경변화에 따라 매출 품목에 대한 그들의 니즈가 계속 바뀌는 것을 알 수 있다. 대개는 시장/고객의 니즈에 맞춰 기업의 매출 품목도 늘어나게 되며(위 '사례 2'에서도 수주 고객사 전체 숫자에 비해 아이템 수가 더욱 증가해 왔음.) 때로는 기업이 그 니즈를 선도하여 고객/시장을 리드하기도 하는데 스마트폰이나 가전(家電) 제조업체 등 일

부 IT기업들이 이에 해당된다. 어떤 경우이든 기업은 매출 확대를 위해 품목을 늘리기 마련이지만 가용자원(Man, Material, Machine, Time 등)이 유한하기 때문에 적절한 제품믹스(Product Mix: 생산 제품 종류의 조합)가 또한 필요하다.

○ Ⅰ → Ⅳ분면: 신규 고객에게 신규 품목의 매출을 일으키는 활동으로서 매출 확대 단계 중 가장 강도가 높다고 할 수 있다. 이것은 신규 아이템의 내용에 따라 대략 다음의 두 가지 유형으로 구분되어진다. 어느 경우나 제품개발 선행이 요구되므로 개발 일정에 대한 관리도 필연적이다.

- 신규 아이템이 기존 product line과 유사성이 많은 경우로 기존 자원에다가 추가로 약간의 투자를 하면 매출 확대가 가능.

- 신규 아이템이 기존 product line과 유사성이 별로 없는 경우로 기존 자원 이외에 별도로 상당한 투자가 필요하며 매출 확대까지에는 시간과 노력이 더욱 소요.

③ 이들 매출확대 활동에 대한 총괄 관리

[사례 3]

대기업 C 사는 오래전부터 경영계획(Biz Plan) 편성 시, 특히 매출계획에 대해서는 매년 일정한 성장을 도모하고자 매출액 구성을 4/4분면으로 구획하여 Ⅱ, Ⅲ분면의 비중을 적어도 20% 이상, Ⅳ분면 비중은 10% 이상을 견지하도록 작성지침을 정한 바 있다. 또한 이것이 제대로 준수되는지를 확인하고자, 매월 '경영실적보고회의' 시마다 영업부서의 매출보고자료에서 이들 분면의 계획 대비 실적 비중이 어떻게 나타나며 그 차이(미달) 원인은 무엇이고 그 갭(gap)을 해소시킬 대책은 무엇인지를 담당 임원이 상세히 설명하도록 제도화하였다.

3. 고객[사] 관리

1) 고객[사] 현황 목록 정비

기존 거래 중인 모든 고객[사] 대상으로 다음과 같은 목록을 작성하여 항상 최신의 현황을 유지토록 하고, 각각의 고객[사] 대상으로는 고객관리카드(p. 21)를 추가로 비치해 두면 여러모로 유용하다. 이를 통하여 고객에 대한 정보를 수시로 공유해서 관련 업무에 반영하고 고객과의 의사소통과 인간관계를 평소 원만히 할 수 있기 때문이다.

고객[사] 현황/목록

No.	고객[사]명	주소	대표자명	고객등급	주문 수발 담당부서			최근 수주내역		비고
					고객[사] 부서/성명	연락처	당사 부서/성명	날짜	금액	

※ 고객별 등급은 연간 자사에 대한 기여도(매출, 영업이익 등)를 백분율(%)로 표시 후 다음과 같은 예시로써 부여함.

[예시]

A 등급: 개별 기여도(비중)가 10% 이상 또는 전사 누적 값이 상위 30% 이내인 고객[사]

B 등급: 개별 기여도(비중)가 5% 이상 또는 전사 누적 값이 31~70% 이내인 고객[사]

C 등급: 최근 1년 내 거래 건수가 1건이라도 있으면서 A, B 등급에 속하지 않는 고객[사]

D 등급: 과거 거래 후 최근 1년 내 거래 건수는 없으나 조만간 수주 가능성이 있는 고객[사] (cf. 과거 거래 사실이 있으나 최근 2년 이상 수주가 중단된 고객은 휴면 거래선으로 분류하여 위 정상적인 고객사 현황 목록에서는 제외)

그동안 필자가 접촉한 기업들을 보면, 영업부서조차 자신들의 고객사가 정확히 얼마나 되는지 최신의 현황 정리가 미흡한 곳들이 의외로 많았으며 더구나 고객 등급을 위와 같이 분류하여 관리하는 기업은 매우 드물어서 이에 대한 개선이 요구되는 실정이라 하겠다.

2) 고객 등급별 분류에 따른 관리 활동

위와 같이 고객들을 A, B, C, D의 등급으로 분류해 보면 자사에 대한 고객들의 영향력이 A〉B〉C〉D로 구분되므로 자사의 대응방법 또한 각각에 맞게 전개되지 않을 수 없다.

즉, 회사의 업무 활동에는 한계가 있으므로 우량 고객에 대해 들이는 노력이 그렇지 못한 고객들보다는 당연히 커야 우량 고객들이 지속해서 자사의 충성 고객으로 남아 있게 될 수 있는 것이다. 다음은 이와 관련하여 업무상 행하는 활동을 고객등급별로 구분하여 예를 들어 보았다.

고객 등급	고객[사] 정기방문 횟수	고객 요청에 대응/의견 수렴	결제조건 등 혜택 부여
A	1~2주당 1회 이상	최우선 순위	O
B	1개월에 1회 이상	1 순위	O
C	분기당 1회 이상	2 순위	x
D	연간 1회	3 순위	x

고객관리카드

		결 재	
		팀장	임원

일련번호		사업자등록번호		설립일자		작성자		(sign)

상 호 명		상장 여부		전 화	
주 소		대 표 자		매출액	년 백만원
업 종		주요생산품목		자 본 금	백만원

종 업 원 수	사무직 ( )명, 생산직 ( )명, 임원 ( )명, 합계 ( )명

| 신 용 등 급 | 신용평가기관명 | | 당사와의 신용거래 부여 시점과 한도액 | 최초 | |
| | | | | 최근 | |

주 요 재 산 보 유 현 황	소 재 지	종 별	수 량	시 가	비 고

고 객 등 급	최근년도 (2019년)			최근-1년도 (2018년)			최근-2년도 (2017년)			비 고
	매출기여	영업이익	기타	매출기여	영업이익	기타	매출기여	영업이익	기타	

방문회차 \ 구분	방문일자	주 요 추 진 사 항	확 인	
			팀 장	임 원
1 차				
2 차				
3 차				
4 차				
5 차				
6 차				
7 차				
특 기 사 항				

필자가 안산시 소재 D 사(2007년까지 총 다섯 차례에 걸쳐 컨설팅 수행)에서 영업 관련한 컨설팅 테마로 그 기업의 고객사들도 방문할 기회가 있었다. 그중에서 모 고객사(나중에 분석결과 위 B 등급에 해당) 담당 직원이 필자와 면담 도중, "D 사 영업직원이 평소에 방문은커녕 전화도 잘 안 하다가 꼭 월말 내지 연말이 다가오면 그제야 연락하면서 자신의 매출실적이 목표에 좀 미달하니까 주문 좀 넣어 달라고 하더라"라는 말을 꺼내는 것이었다. 그러고선, "그 직원 얼굴 본 지도 꽤 되었는데, 평소 가볍게 커피나 마시며 얘기할 수도 있는 사안을 왜 꼭 바쁜 마감 시점에 전화하면서 부탁하는지 모르겠다"라고 덧붙였다.

3) 고객의 소리 청취, 고객만족도 조사

고객의 소리(VOC: Voice Of Customer)란 고객들이 자사[제품]에 관해 평소 어떻게 생각하는지를 광범위하게 들어봄으로써 향후 관련 업무에 반영한다는 취지의 제도이다. 또한 고객만족도 조사는 특히 자사가 제공하는 제품/서비스에 대해 고객이 만족하는 정도를 소정의 항목을 통해 평가하게 함으로써 그 결과를 다시 제품/서비스에 반영하여 고객만족(customer satisfaction)을 높이려는 것으로, 양자 모두 대표적인 마케팅 기법에 속한다. 중소기업에서는 아직 이들 제도가 그렇게 활성화되어 있지 못한데, 오히려 이런 현실을 기회로 삼아 타사 대비 차별화 차원에서 이를 적극 도입함으로써 고객가치를 창출할 수 있으면 좋겠다.

다음은 이 두 가지 제도를 간략하게 비교한 표이며, 그 아래엔 컨설팅 수진기업 여러 곳에서 시행케 했던 고객만족도 조사 양식을 추후 수차례 수정한 내용으로 E 사 등에 제시한 것을 인용하였다.

구분	파악하고자 하는 내용	대상 기간	추진 부서	방법
VOC	자사 및 자사제품에 대한 폭넓은 의견	가급적 최근 시점으로 수시	자사의 영업 또는 마케팅 부서	형식의 구애 없이 자유롭게 의견 수렴
CS 조사	자사가 공급하는 제품/서비스에 대한 평가	통상적으로 정례화 (반년 또는 매년)	공정성 확보를 위해 대표이사나 타(他) 기관	대개 정형화된 평가 항목의 양식 사용

고객만족도 조사표

<u>존경하는 고객님께</u>   <u>2015. 01.</u>

㈜OOO를 사랑해주시는 고객님의 무궁한 발전을 기원드립니다.
저희는 고객[사] 만족도 제고를 위하여 계속 노력하고 있으며, 향후 보다 더 나은 제품과
서비스를 제공해 드리고자 다음과 같이 고객님의 의견을 청하게 되었습니다.
다소 번거로우시겠지만 아래 설문 항목에 대해 소정 거래기간에 대한 고객님의 평가를
기재하시어 **수신**을 저희 **'대표 이사'**로 하여 , <u>Fax.No.:</u>_____ 또는 <u>우편</u>
(<u>주소:</u>_____, <u>우편번호</u>____)으로 보내주시면 고객님들
의견을 취합해서 앞으로 저희 업무에 최대한 반영코자 합니다.
대단히 감사합니다.

■ 평가대상 거래기간 : <u>2014. 1월 ~2014. 12월</u>

Ⅰ. 일반 항목 (O로 표시)	㈜OOO가 고객님께 평소 처리해 온 내용/활동	전반적으로 불량	다소 미흡	다소 양호	전반적으로 우수
	1. 주문/수정요청에 대한 접수	D	C	B	A
	2. 요청납기의 준수 정도	D	C	B	A
	3. 납품물건의 품질수준	D	C	B	A
	4. 요구Spec에 대한 충족도	D	C	B	A
	5. 품질 대비 가격 만족도	D	C	B	A
	6. 클레임 제기에 대한 해결정도	D	C	B	A
	7. 제품 이외 부가서비스 측면	D	C	B	A
	8. 업무협조요청에 대한 대응정도	D	C	B	A
	9. 의사소통을 위한 교류정도 (전화/e-mail/방문/회의等)	D	C	B	A
	10. 신뢰도/대외 이미지 정도	D	C	B	A

Ⅱ. 의견 서술 항목

  1. ㈜OOO가 경쟁사[고객님의 복수의 거래선]와 대비하여 특히 잘못하고 있는 사항

  2. 기타, ㈜OOO가 발전을 위해 노력해나갔으면 하는 사항 추가

■ 고객[사] 명 :   응답자 소속/직위: 성명:
                                                    (성명 기재 생략 可)

4) 고객[사]의 동향 파악과 신용 분석

[사례 6]

필자가 직장 생활 중에 파악하게 된 F 사의 케이스를 소개하고자 한다. 당시 A 영업부서에서는 거래관계가 있던 모 고객사로부터 주문을 받고 수억 원어치의 물품을 신용거래로 하여 납품했었는데 납품 후 얼마 지나지 않아 그 고객사의 부도설이 흘러나오더니 급기야 며칠 새에 정말 부도가 나 버렸다. 부랴부랴 A 영업부서직원들이 그 고객사로 달려갔을 때엔 고객사 직원들은 보이지 않았고 급히 결성된 채권단에서는 F 사가 납품한 물건 포함하여 처분할 재산목록을 작성 중에 있었다. 결국 F 사는 극히 일부만 변제받은 채 납품금액 대부분을 부실채권으로 처리해야 하는 손실을 봐야만 했다.

이 사례가 들려주는 교훈은 영업 부서원이 고객사를 관리함에 있어서 이상 징후는 어떠한 것이라도 놓치지 말아야 하며, 혹시 부도 등의 위급한 상황이 예상된다면 미리 합당한 조치를 취해야 한다는 것이다.(위 사례 경우, A 영업부서는 납품했던 물건을 고객사의 부도설 내지 채권단 결성 이전에 도로 찾아왔어야 했다.) 영업 부서원들은 수주를 하고 납품만 끝내면 업무를 다한 것처럼 생각하면 안 된다. 평소에 고객 동향도 철저히 파악하여 판매액 전액이 최종적으로 현금 수금(수취어음이 현금화)되기까지 끝까지 주의를 다해야 하는데, 의외로 일부 기업들은 이러한 기본조차 망각하고 있음이 안타까운 노릇이다.

한편, 신규 고객과 거래를 트기 전에도 자사가 그 상대방과 거래해도 괜찮을지를 검토해 보아야 한다. 어느 기업의 공급 재화[용역]가 인기가 좋아 물건이 달려서 수요자들이 현금 거래를 하자고 덤비지 않는 이상, 대부분의 중소기업들은 거래를 원하는 고객[사]이 있다면 매출 확대를 위해 상대방 기업의 여건(재무구조, 신용등급 등)을 제대로 검토하지 않은 채로 신용거래(외상거래) 하는 것이 다반사이다. 특히, 첫 거래는 다음 거래의 연속성 여부를 판단케 하는 시금석이 되므로 해당 기업의 신용 상태가 괜찮은지를 확인(적어도 신용분석기관의 조사보고서를 입수하여 검토)한 후에 이에 합당한 외상거래 한도액을 정하고 이 범위 내에서 시작하는 게 바람직하며 담보물까지 제공받을 수 있다면 더욱 좋을 것이다.

4. 일반 영업 관리

1) 생산진행 연계 및 진척상황 파악 등의 고객대응

흔히 영업과 생산을 기업 운영의 두 가지 큰 축이라고 하여 그 중요성이 강조되어 왔다. 그러나 중요성만큼 상호 간에 트러블도 많이 발생하는 기능이기도 한데 이러한 현상은 대기업이건 중소기업이건 간에 보편적으로 나타나고 있다. 우선 그 갈등은 수주 후 생산으로 진행되는 과정에서부터 시작되고 출하 시까지 지속될 수 있는바, 다음과 같은 대표적인 갈등의 원인을 영업부서부터 솔선하여 잘 관리해서 생산진행이 매끄럽게 연계되도록 해야 한다.

○ 영업부서는 속성상, 수주를 하게 되면 수주 아이템이 바로 생산되고 출하를 통해 속히 매출로 계상되기를 원한다. 반면에 생산부서는 원자재가 투입되고 생산공정을 거쳐서 제품이 완성되기 때문에 최종 출하 시까지는 각 단계마다 변수가 작용할 수 있어 영업부서가 바라는 일정 준수를 100% 장담하진 못한다.

○ 영업부서는 고객을 직접 상대하며 고객과의 최접점에 위치하기 때문에 고객의 문의나 요구사항을 제1선에서 수용해 줘야 하는 입장이다. 하지만 생산부서는 일단 2선으로 비켜나 있어서 고객의 구체적인 요구를 잘 모를 수 있어 전사적인 이슈에 대해 영업/생산 상호 간에 정보 공유가 잘 안 될 수 있다.

○ 특히 주문생산(order-base manufacturing)을 하는 기업에서 고객의 주요 문의사항은 주문 이후 생산 진행이 어디까지 되었고 출하는 언제쯤 가능한지이다. 그런데 이러한 고객 문의에 대해 영업부서가 생산부서에 확인 후 회신하는 과정에서 시간이 지체되거나 확인 내용에 오류가 발생하기도 하여 사안에 따라 추후 고객의 클레임 제기 대상이 되는 사례가 종종 존재한다.

2) 납품

납품에는 적절한 배송 수단을 찾아 목적물을 고객이 원하는 곳으로 안전하게 보내 주는 업무와 함께 이에 수반되는 문서의 전달 부분이 있는데 다음은 이들에 대한 체크 포인트가 되겠다.

구분	체크 포인트
- 고객이 주문한 목적물이 맞나?	- 고객주문서와 물품을 상호 대조(품명, 규격, 수량 등)
- 고객이 원하는 배송처인가?	- 고객주문서 내지 배송 전에 고객[담당자]와 재확인
- 적절한 배송 수단을 선택했나?	- 여러 운송 수단(택배 포함) 중에서 납기일 준수와 경제성을 검토하여 가장 바람직한 것으로 결정
- 안전한 배송인가?	- 목적물이 중량/부피/금액 등에서 절대적으로 많이 나갈수록 운송보험에 가입
- 납품 완료 시 즉각 확인이 되나?	- 납품 장소에서 물건 수령자의 인적사항과 서명이 친필로 기재된 수령증(일시, 장소, 물건명세 포함)을 수취
- 세금계산서 교부가 이루어지나?	- 납품 시에 바로 또는 납품 후 적어도 2~3일 내에 고객에게 세금계산서가 발행/전달되도록 조치

※ 주의

지금은 전자세금계산서 발행이 통용되고 있어 세금계산서 발행만 된다면 상대방에게 전달이 안 되는 문제는 없는데, 더러 고객[사]에게 물건 납품 시에 세금계산서 발행/전달이 잘 안 되는 경우가 있다. 이것은 물건이 납품되었음에도 고객[사]의 사정(?)으로 세금계산서 발행/접수가 지연되는 상황을 가리키는 것으로 이렇게 되면 회계처리가 어려워지므로, 부가가치세법상의 본래 의미대로 쌍방 간에 재화/용역의 수수가 이루어지는 시점에서 세금계산서 교부가 될 수 있도록 납품시기를 잘 조절할 필요가 있다. 특히, 매출 계상을 위하여 일방적으로 고객[사]에 밀어내기식의 납품은 지양되어야 할 것이다.

3) 매출실적 등의 제반 현황자료 유지

영업 관리 일반적 기능에서 그다지 잘 발휘되지 못하는 것 중의 하나가 바로 이 부분이다. 즉, 영업부서 임직원이라면 스스로의 필요에 의해서도 다음 항목들에 대해 현황자료를 잘 유지해야 할 텐데 그렇지 못한 기업들을 상당히 많이 볼 수 있었다.

① 정확한 매출실적 집계

매출실적이란 수주 이후 목적물을 납품하여 영업수익이 발생한 금액으로, 이것이 부정확 내지 불충분하게 파악되는 기업 사례들이 의외로 많은데 그 유형과 개선방향을 정리해 보면 다음과 같다.

부정확 내지 불충분 사례	개선 방향
- 산출 기준이 단순하게 세금계산서상의 금액 또는 수금액임	- 기업회계기준에 의거한 매출인식 금액이 되어야 함
- 공급가 기준으로 하여 부가세도 매출액에 포함시킴	- 부가세는 매출에 불포함이므로 처음부터 이를 제외
- 총액 위주로 파악되다 보니 세부 아이템별 내지 고객사별 집계가 잘 안 됨	- 매출정보구성을 최초부터 상세히 유지하여 어떤 항목으로도 집계 가능하도록 유도
- 집계 시점이 불규칙할 경우 최신자료 업데이트가 불충분함	- 매월/매주 단위로 정기적인 up-date를 실시하고 필요시 수시로 보완
- 실적 자체만 집계하고 비교/검토할 항목이 누락되어 자료 분석이 미흡하여 의사결정 활용도가 낮음	- 가급적 전사(全社)경영계획수립의 기초자료인 매출계획 대비하여 실적집계를 하고, 그 차이 분석 및 대책 수립까지를 도출하여 의사결정에 활용

② 수주액-매출액-수금액-미수금액의 현황 유지

주요 아이템 내지 고객[사]별로 이런 내용의 자료를 유지하여 매출현황과 함께 경영진에 보고되고 사내 관련 부서와도 공유케 하는 것이 좋다.

③ 경쟁사 및 업계동향 파악

대부분의 기업들은 영위 사업에서 일정한 시장을 무대로 동 업계에 함께 진출해 있는 경쟁사들과 경쟁 구도 관계를 형성하며 비즈니스 활동을 펼치고 있다. 그런데 정작, 타 경쟁사와 업계 동향에 대해서 무심(無心)한 기업들이 의외로 많음에 필자는 놀라곤 한다. 물론, 경쟁사에 대한 정보입수와 동향 파악이 쉽지는 않겠지만 무한경쟁 시대에 살고 있는 기업들로서는 경쟁사들이 어떠한 상황이고 앞으로 어떤 행보를 취할 것인가에 전혀 무심할 수가 없는 것이다. 따라서 이제까지 이런 부분을 소홀히 해 온 기업들은 특히 영업부서[원] 주도하에 그들의 주요한 움직임을 포착하고 예측해서 다음 페이지와 같은 서식화된 용지에 기록하여 분석해 나가야 할 것이다.

[참조] 경쟁사 정보 입수의 기초적인 방법

○ 공식적인 신용보고서 구매: 각급 신용평가기관에서 기업들의 결산서를 분석한 내용을 기본으로 신용평가등급 및 기업경영에 대한 여러 참조사항이 기술됨.

○ 감사보고서 입수: 회계감사를 받는 기업이라면 결산서와는 별도로 감사보고서를 발행하는데 여기에는 감사인(CPA)의 감사의견 및 주석 내용이 포함됨.

○ 인터넷 검색: 인터넷은 각종 정보의 보고(寶庫)이므로 원하는

기업명을 검색해보면 웬만한 관련 내용이 도출됨(물론 이런 내용의 진위 여부는 별개 문제임).

동종 업계 및 경쟁사의 주요 이슈 및 대처 방안

	주요 이슈		시사점/ 당사에 주는 영향		당사의 대처/활용 방안 (구체적으로)
	2019년	2020년 이후	기회요인	위협요인	
동종 업계					
경쟁사					

4) 수금 관리[매출채권 관리]

[사례 7]

서울에 본사가 있고 충주에 공장을 둔 *G* 사를 *2002년도*에 컨설팅 했던 사례이다. 컨설팅 초기에 영업 부서원들의 업무현황을 파악하다 보니 그들 기능 중에 '수금'이 결여되어 있음을 알게 되었다. 즉, 영업 부서원들은 수주에만 열을 올릴 뿐이었고 생산은 제조부서가,

수금은 관리부서(인사/총무/회계/자금 총괄)가 하도록 업무분장이 되었던 것이다. 여건이 이러하니 영업부서는 오직 매출 달성에만 급급하여 마구잡이식(?)의 수주를 일삼고 관리부서는 수금에 전념하느라 다른 업무를 소홀히 하는 지경에 이르렀으며, 게다가 큰 문제는 영업부서가 고객사의 신용도를 충분히 고려하지 않은 채로 수주한 결과로 매년 상당한 금액의 부실채권이 고질적으로 발생해 왔다는 점이다.

물론, 수금 기능을 다른 부서가 할 수도 있다. 그러나 영업부서가 최초 수주 활동을 할 때부터 고객[사]을 직접 대면하면서 최종 수금 업무까지를 일관성 있게 전개해 나갈 수 있는 위치임을 감안할 때에 영업 이외의 타 부서가 별도로 접촉하며 수금한다는 것은 비효율적이며 낭비일 수밖에 없다. 당시 면담에 응했던 G 사의 영업 부서직원 중 하나가 필자에게 한 말이 지금도 생생하게 기억이 난다. "영업 부서원이 수금업무를 해야 한다는 말은 머리털 나고 처음 들었다"라고. 아마도 그 직원 생각으로는 '수금'이 가방 갖고 다니면서 직접 돈을 받아 챙겨야 하는 허드렛일 정도였지 않나 싶다. 수금 관리는 다른 말로 하면 다음의 중요한 매출채권 관리인데 말이다.

매출채권은 매출 실현 후 이를 현금화하기까지의 대금회수 권리를 말하는 바, 매출이 발생하면 그 대금 전액을 즉시 현금으로 수령하지 않는 한 매출채권은 생기기 마련이다. 이것은 다시 발생단계별로 구분하여 외상매출금과 받을어음으로 분류할 수 있는데, 후자는 매출금액에 대해 언제까지 지급해 주겠다는 약속을 한 증서를 가리키며 전자는 그 증서를 받기 이전 초기 상태의 매출채권을 가리키는 말이다. 납품 후 매출 세금계산서를 발행 시 매출 대금에 대해 현금수취분이 없다면 통상적으로 외상매출금으로 기표해 놓고 나서, 추후 받을어음 증서를 수취하면 외상매출금을 감소시키고 받을어음으로 기표한다.

매출채권은 전액을 현금 회수 시까지는 잔액이 항상 남아 있기 마련인데 이 금액이 많아질수록 기업 내 운영자금이 부족해지기 십상이라 어느 기업이든지 매출채권 관리에 신경 쓸 수밖에 없다. 그 관리 대상 항목으로는 크게 다음의 두 가지가 있다.

① 매출채권 회전일수 또는 매출채권 회전률

회전일수[회전률]는 기업의 활동성을 나타내는 대표적인 지표인데 이를 매출채권에 적용해 보면 결국 매출액이 현금화되는 데에 얼마만큼의 기간이 소요되는가를 의미하게 된다.

매출채권 회전률 = 일정기간내 **매출액** ÷ 同 기간내 평균**매출채권** → 단위 : 回 (많을수록 좋음)
매출채권 회전일수 = 同 기간 일수 ÷ 매출채권 회전률 → 단위 : 日 (짧을수록 좋음)
　　　　　　　　　 = 일정기간내 평균 매출채권 ÷ 同 기간내 매출액 × 同 기간 일수

주)

○ 내수매출 경우에는 매출채권액에 부가세가 포함되어 있으므로(수출 경우엔 부가세 없음) 이를 1.1로 나누어야 매출액과 같은 기준으로 맞추어짐.

○ 일정 기간이라 함은 매출채권 산출 대상기간으로서 월, 분기, 반기, 연간 중 어느 것도 가능하며 그 일수는 각각 30일, 90일, 180일, 365일로 함이 보통임.

○ 통상 기업 내 전체 금액을 합산한 개념으로 계산하지만 필요시에는 세분하여 주요 고객사별, 매출부서별, 매출 아이템별로도 산출하며, 제반 산출 값들의 상호 비교를 통해서 더 나은 매출채권 관리를 도모할 수 있음. (예: 고객사별 채권 회전일수를 비교한 자료를 지참하여 이것이 불량한 고객사에게 우량한 곳의 수치를 비교/제시하며 수금을 독촉)

② 부실(不實)채권

부실채권이라 함은 매출채권이 제때 회수되지 못하여 회사 자금 흐름에 나쁜 영향을 주는 불량채권을 말하는 것으로 대개 다음의 개념들을 포괄한다.

○ 장기미수채권: 업종이나 기업 여건에 따라 차이가 있겠지만 일반적으로 채권 발생일로부터 현금 미회수 상태(외상매출금 또는 만기 도래 전의 받을어음)가 통상 1년 이상 지속되고 있는 채권

○ 악성채권: 장기미수채권 중 미회수 기간이 3년(예시)을 초과했거나 3년이 안 되었어도 고객[사]의 잠적/파산 등으로 사실상 회수가 어려운 채권

○ 부도채권: 보관 중인 받을어음이나 수표가 최종적으로 부도 처리된 채권

물론, 이러한 부실채권이 발생되지 않도록 사전에 현금결제 유도 내지 매출채권보험에 가입(해외 수출의 경우 수출 보험에 부보) 등의 예방 관리가 선행되어야 할 것이며, 부득이 부실채권이 발생 시에는 그 원인분석을 거쳐 재발방지대책 수립과 함께 기 발생한 부실채권에 대한 조치(상대 고객 재산에 대한 압류 및 처분, 회계상 손실 반영 등)도 신속하게 및 적절히 이루어져야 한다.

5. 마케팅 4P 요소별 체크리스트

마케팅에 대한 교과서적인 정의는 매우 많으나 기본적인 개념의 하나는 시장(market)을 만들어 간다는(~ing) 것이며, 이러한 시장 창출과 관련하여 네 가지 마케팅 요소가 인용되는데 그것이 아래에 소개되고 있는 Product(제품), Price(가격), Place(유통), Promotion(촉진)이고 추가로 Service가 거론되기도 한다. 본 책 첫머리에 마케팅과 영업의 의미 차이를 서술하였지만 여기 4P 중 '촉진'의 수단으로 흔히 이용되는 '광고 내지 판촉, 홍보'들이 '마케팅'으로 통칭(統稱)되는 잘못된 경우를 많이 보아 왔는바, 이들은 엄연히 마케팅의 극히 일부일 뿐 전부가 아니란 점을 특히 주의해야 하겠다.

이들 4P를 이용한 마케팅 개념은 흔히 이렇게도 소개되고 있다. 즉, 마케팅이란 고객이 원하는 제품을 고객이 원하는 곳에 합리적인 가격으로 제공하며, 이와 관련하여 자사와 제품을 여러 수단으로써 널리 알리고 촉진시키는 일체의 행위이다.

다음 페이지(p37)에 열거한 것은 이들 4P 및 Service에 대한 주요 체크리스트 항목들이다.

마케팅 4P + Service 체크리스트

구분	항목
1. 제품	1) 현재 보유중인 제품군(群)의 용도는 무엇인가? 　　그것은 회사의 사업목적[사명]에 부합되는가? 2) 제품'믹스'와 제품'라인'의 현황은 어떠한가? (cf.주력제품과 기타의 구성비) 3) 제품믹스와 라인을 확대해 나갈 것인가, 또는 축소할 것인가? 그 이유는? 4) 어느 제품을 없애고(단종) 어느 제품을 추가(개발)할 계획이 있는가? 5) 신제품에 대한 기획과 개발이 체계적으로 진행되는가? 　- 초기부터 영업/마케팅 참여, 주요 비지니스위험 파악 및 관리, 성공경험 等 　- 기술 비전, 제품/기술의 Map (Logic Tree)과의 관계 6) 자사와 경쟁사의 제품 품질, 특성, 스타일, 규격 등에 대해 고객들의 인지와 　비교결과는 어떠한가? 특정에 대한 개선이 필요한가? (cf. VOC) 7) 회사의 제품과 브랜드에 대해 고객이 어떻게 느끼고 있는가? (cf.만족도조사) 8) 제품 수명주기는 제대로 파악되고 있는가? 9) 상표(Brand)에 대한 전략적 approach는 어떠한가?
2. 가격	1) 가격은 어떻게 산출되고 책정되는가? 2) 가격정책은 기업전략과 연계되며 합리적인가? 　어느 정도까지 고객수요, 회사비용 및 경쟁정도에 따라 설정되고 있는가? 3) 고객들은 현재의 가격수준을 제품의 가치와 연계하여 적절하다고 느끼는가? 4) 경쟁사의 가격 및 가격결정 방침을 알고 이에 대처하고 있는가? 5) Price Leadership을 발휘할 수 있는가? 6) 탄력적인 가격조정을 실시 또는 고려하고 있는가?
3. 유통/ Delivery	1) 고객/시장에 도달하는 경로와 서비스는 현재대로 충분한가? 2) (고객요구 등에 따른) 새로운 유통경로의 제정[변경]이 고려되는가? 3) 고객요구 납기를 얼마만큼 맞춰주고 있는가? (시급주문 포함)
4. 촉진	1) 광고, 인적판매, 홍보, 기타 판촉행위에 대한 수단을 확보하고 있는가? 2) 마케팅 예산은 어느 정도 편성을 하며, 집행은 효율적으로 하는가? 3) 제반 판촉수단의 집행에 따른 효과(매출 증대 등)는 제대로 파악되는가?
5. Service	1) 고객클레임 제기시 처리절차를 포함한 A/S체계를 갖추고 있는가? 2) 클레임 처리 대장을 구비하고 있나? (발생일,조치일,조치내역,조치자 성명..) 3) 사전서비스(Before Service) 방안도 수립하여 실시하고 있는가?

Ⅱ 연구개발(R&D) 기능

1. 비전(Vision)과 중장기 로드맵(Roadmap)

1) 비전이란

흔히 비전(장래상)이라고 하는 것은 기업의 일정 기간(예: 10년) 후의 바람직한 자기 모습을 가리킨다. 즉, 기업이 처해 있는 오늘의 현상(As-Is)에서 벗어나 미래지향적으로 되고자 하는(To-Be) 모습을 말하는데, 이것은 그저 막연한 꿈에 그치는 것이 아니라 열심히 노력하면 달성될 수 있어야 한다. 다음은 비전에 대한 도움말이다.

잘못된 비전은	잘된 비전은
- 추상적이고 일반적인 표현에 그친다.	- 어느 정도 구체적이며 특화된 표현을 쓴다.
- 달성해야 할 시기가 따로 없다.	- '지금부터 10년 후' 등으로 시기를 특정한다.
- 장밋빛 환상에 젖어 달성이 불가능하다.	- 현 수준으론 어렵지만 향후 상당히 노력하면 달성이 불가능한 게 아니다.
- 경영진 내지 기획부서 등의 제한된 소수 인원이 구상한다.	- 가급적 전사적으로 의견 수렴하고 이를 압축해 가는 과정을 거친다.
- 비전 수립에 시간이 별로 들지 않는다.	- 아이디어 도출과 의견 수렴 후 최종 확정 시까지 통상 6개월 이상이 소요된다.

2) 중장기 로드맵(Roadmap)의 역할

현재의 모습이 가만히 있다가 어느 날 갑자기 미래로 바뀌는 것이 아니기 때문에 장래상(10년 후의 바람직한 모습)을 실현하기 위해선 먼저 그 실현 기간(예: 10년)을 여러 단계로 나눠서 각 단계별로 무엇을 어떻게 달성해 나갈 것인가를 개략적이라도 검토해 봐야 한다.

좀 더 구체적으로 말하면, 지금 당장 영위 중인 사업[아이템]이 있지만 향후에도 이것을 지속해야 할지를 구체적으로 고민하여 판(板)을 짜 볼 필요가 있는 것이다. 이렇게 하여 현재의 사업/아이템 구도가 내년을 거쳐 중기(3년) 및 장기(5년 이후)로 어떻게 전개되어 가는지를 한눈에 볼 수 있도록 정리한 것을 바로 로드맵이라고 말한다.

R&D 기능의 가장 중요한 의미는 앞으로의 먹거리를 발굴하는 것이다. 즉, 농부라면 경작 중인 밭에서 한창 작물을 수확하고 있을 때에 다른 비어 있는 밭고랑에는 이미 다른 작물이 파종되었어야 하며 그 파종 행위가 R&D라고 비유될 수 있겠다. 무슨 씨앗을 언제 뿌리느냐? 그것이 파종에 있어 중요한 이슈이고, R&D 기능에 있어서는 사업/아이템의 중장기 로드맵이 그 길라잡이를 제공해 주어야 한다. 즉, 기업이 R&D 활동을 전개 시 사전에 충분한 검토 없이 즉흥적으로 아이템을 선정하여 진행하는 것이 아니라, 비전과 연계된 중장기 로드맵이 제시하는 바에 따라 내년도 및 중장기에 특정의 아이템을 겨냥하여 진행하면 될 것이다.

다음에 예시하는 로드맵의 첫 번째는 기술과 제품을 연계한 장기적 관점(10년)에서의 로드맵 모델이고, 두 번째는 중소벤처기업부에서 2019년에 제시한 중기적 관점의 '중소기업 전략기술로드맵(2020~2022년)' 중 하나의 예이다.

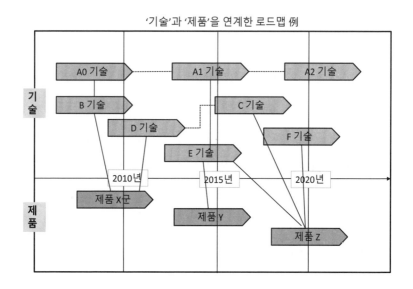

'기술'과 '제품'을 연계한 로드맵 例

[유통/물류 빅데이터 구축 및 분석 시스템 분야 중기 기술개발 로드맵]

유통/물류 빅데이터 구축 및 분석 시스템	물류의 과학적이고 합리적인 관리와 분산			최종 목표
	2020년	2021년	2022년	
배송경로 최적화 분석 기술				배송효율 최적화
상품구매 및 고객 데이터 연관성 분석 기술				고객-상품 연관성 분석 정확도 90%
지능형 상품 관리 기술				지능형 관리 대상 상품 관리 최적화
스마트 물류 관리 시스템 기술				물류처리 최적화
상품정보 빅데이터 구축 기술				상품 정보 빅데이터 구축 기술 개발

2. R&D Project 관리 포인트

주지하다시피 R&D는 'research and development'의 약어로서 '연구'와 '개발' 활동을 의미한다. 이들 양자(兩者)를 좀 더 구분해 보면 '연구'는 당장의 매출에 기여한다기보다는 비교적 먼 장래의 수익창출을 위해 필요한 지식/기술 등을 조사/파악 및 습득하고 이를 연마해 나가는 일련의 활동이며, '개발'은 기존 제품의 성능을 단순 개량하거나 규격변경 내지 개조 등을 통해 유사한 제품으로 업그레이드 및 신규 시제품을 제작하는 등 비교적 단기간 내의 매출실현을 겨냥하여 벌이는 활동이라고 할 수 있다. 또는 기업에 따라서 소프트웨어 프로그래밍 작업 내지 수주한 용역을 수행하는 업무들까지 폭넓게 '개발'이라고 부르기도 한다.

통상 대기업의 연구소 또는 소규모라도 전문 연구기관에서는 이들 연구, 개발 기능이 비교적 분리되어 수행되지만 여타 기업의 연구소/연구부서에서는 대부분 순수 연구 활동은 별로 없고 개발에 치중하는 것이 보통이다. (심지어는 중소기업 상당수에서는 연구소/연구부서 직원들에게 R&D 기능만을 전담케 하지 않고 생산 내지 품질 등의 타 업무까지 병행시키는 경우가 흔하다.)

이하에서 R&D 기능을 논할 때는 연구/개발의 의미 구분 없이 통칭해 쓰기로 하며 본 R&D 프로젝트의 관리 포인트를 다음과 같이 주요 단계별로 살펴보기로 한다.

1) R&D 개발계획 수립

개발계획 수립 업무의 주요 흐름은 대체로 다음과 같다.

개발계획 수립 흐름도

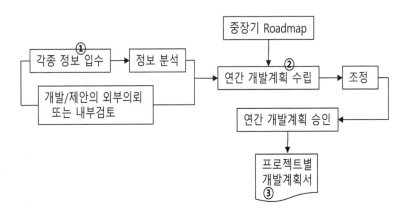

① 각종 정보의 대상

○ 국내외 시장 조사: 업체 동향 조사, 전시회 참관, 현지 시장의 규모/성장 추이

○ 국내외 간행물 조사: 각종 통계자료, 국내외 전문 서적, 잡지, 신문, 카탈로그

○ 보고서 입수 등: 전문기관[단체]의 보고서, 고객[소비자] 반응, 만족도 조사 등

② 연간 개발계획의 내용

○ 대내외 환경 분석: 거시환경(PEST: 정치, 경제, 사회/문화, 기술환경), 시장 동향(수요예측, 동종업체별 M/S 등), 동업계 타사 동

향 및 자사 분석(제품믹스, 스펙, 가격, 출시 시기, 매출실적, 강/약점 비교, 차별화 전략 등)

○ 개발계획: 개발 기본전략(개발의 주안점, 특징, 개발예산과 조달방법 등), 개발 아이템의 Line-up 계획, 개발 아이템별 spec./기능, 개발 기간, 투입인력, 기타 소요자원, 출시 시점, 판매계획 등

③ 프로젝트별 개별 개발계획서에 포함되어야 할 사항

○ 개발과제명과 개요, 과제책임자와 참여자, 개발 기간, 구체적인 개발목표, 개발비(비목별과 총액: 자체 + 외부지원), 개발일정계획(세부 개발 항목/단계별 추진 일정), 개발인력 현황(성명, 소속, 전공/학위, 참여율, 해당 분야 개발경력, 내/외부인원 구분…)

※ 특히, 개별 개발계획서는 프로젝트 착수 후 진행 상황에 대한 제반 관리의 척도가 되므로 위 사항 비롯하여 자사 여건에 맞춰 필수 항목이 누락 되는 일이 없도록 처음부터 주의를 잘 기울여야 한다.

2) 진도관리

중소기업에서 취약한 기능 중의 하나가 R&D이지만 R&D프로젝트 중에서도 또한 잘 안 되는 대표적인 것이 바로 이 부분이다. 물론, 업무를 수행하다 보면 계획대로 잘 안 되는 경우가 있으니 개발 또한 예외가 아니겠다. 그러나 R&D 기능은 고객/시장과 최접점에 있는 영업/마케팅을 선도하는 위치에 있으므로 애써 수립한 개발계

획이 제대로 수행되지 않고 있다면 추후 경영성과에 큰 영향을 끼칠 것이기 때문에 이것의 진도관리는 매우 중요하다.

[사례 8]

중소기업들도 언젠가부터 R&D 중요성을 인지하여 연구소를 설치하기 시작해서 오늘날 웬만한 중소기업들은 하다못해 연구전담 부서라도 보유하고 있다. 필자가 대구에 소재한 H 사를 2011년도에 방문했을 때 그 회사 역시 연구소를 설립 후 몇 년째 운영해 오고 있었다. 그런데 회사의 R&D 프로젝트 계획 대비 실적이 궁금하여 이를 문의해 보니 계획 대비 실적의 비교 자체가 즉각 되지 않았고, 얼마 동안의 시간 경과 후 겨우 확인된 내용이 당년도 계획 프로젝트 12건 중 실적이 매칭되는 것은 겨우 3개에 지나지 않았으며 그 3개도 제대로 수행되지 않았는데 이를 요약해서 간단히 정리하면 다음과 같았다.

계획 프로젝트		**수행** 프로젝트
A, B, C, D, E, F, G, H, I, J, K, L	▶	B, E, L, 기타 7가지
총 12가지		총 10 가지

→ 차이 발생원인
○ 계획 대비 수행 프로젝트가 많이 다름: 프로젝트 계획 자체가

전사 차원의 비전 내지 로드맵에 기반을 둔 것이 아니라 관련 인원 소수의 회의를 통해 필요시마다 결정하다 보니 처음부터 추진력에 한계가 있었으며, 이후 여건변화에 따라 CEO의 즉흥적 결정으로 프로젝트 변경이 이루어졌음.

　○ 계획대로 수행된 프로젝트 또한 진척도가 많이 미흡함: 가용할 수 있는 R&D자원(인력, 예산)에 한계가 있어 프로젝트 우선순위 조정 시마다 뒤로 자꾸 밀려서 진행이 늦어졌음.

3) [중간]산출물 관리

　필자가 접해 본 중소기업 연구소[전담부서]의 대다수가 안고 있는 공통적인 문제점이 또한 이 부분인데, 이에 대한 현상과 개선안을 아래에 정리해 보았다.

현상/문제점	개선 방안
- 프로젝트가 전사 차원의 최종 보고서 위주로만 초점이 맞춰지는 바람에 중간 단계 및 개인별 산출물 관리에 소홀(분실, 이력 관리 등)하고 최종 결과물의 활용도 미흡함.	- 프로젝트 참여인원 누구나 수행기간 내내 수행일지 및 중간보고서를 작성/유지하고 이를 전사 차원에서 보존 및 활용되도록 함.
- 개발활동 자체에 대한 기록관리가 잘 안됨.(개발 프로젝트별 투입시간 집계 등)	- Time Sheet에 의한 수행기록과 함께, 개발일지, 관련도면, 회의록, 참고자료(요구분석서, coding 내역 등) 또한 보존
- 회사의 중요한 무형자산이라는 개념 및 보안 의식이 부족함.	- 전사 차원의 보안교육 실시와 점검

4) [중간]보고서

여기서 강조하고 싶은 부분은 보고서에 담겨야 할 내용과 보고서 작성의 빈도수 및 작성 후 보관이다.

① 보고서에 담겨야 할 내용

○ 일반: 개별 개발계획서에 언급되었던 항목별로 계획 대비 진행된 실적 및 최종 완료된 결과 내용. (특히, 개발의 목적과 달성목표, 개발 기간, 개발비 등에 대한 비교가 중요)

○ 특정 용역: 위 일반 + 고객요구사항을 충실히 이행한 정도.

② 보고서의 작성 빈도

획일적으로 단정 지을 수는 없겠으나 개발 기간에 연동하여 대략 다음과 같이 작성 횟수를 예시해 볼 수 있으며, 프로젝트 중요도에 따라 이를 적정하게 가감하면 되겠다.

개발 기간	작성 횟수
- 3개월 이내	- 1회(최종보고서)
- 3개월 초과~1년 이내	- 2회(중간보고서 + 최종보고서)
- 1년 초과~2년 이내	- 3회(중간보고서 2회 + 최종보고서)
- 2년 초과~	- n + 1회(6개월 단위 중간보고서 n회 + 최종보고서)

③ 작성된 보고서의 보관

보고서가 검수를 거쳐 최종 승인되면 활용을 위해 외부[고객] 및 내부[관련 부서]에 제출될 터이지만 연구소[전담부서] 자체적으로도 보관되어야 한다. 보관 형태는 종이문서(hard copy)와 전산 file(soft copy)을 모두 병행하는 것이 바람직하며, 궁극적으로는 DB화를 추진하여 검색 등에 이용하길 권한다.

3. Project별 성과 제고방안

R&D 프로젝트는 통상 매출 실현 등의 성과가 프로젝트 종료 이후 어느 정도 기간이 경과하여 발생하기 마련이며 또한 발생하더라도 그 금액을 측정하는 것이 쉽지 않아서 적지 않은 기업들은 성과 파악을 연계 짓지 않고 R&D 프로젝트를 운영한다. 이러한 점을 감안하여 여기선 다음의 방안을 중심으로 성과를 올릴 것을 제안하는 바이다.

1) 투입 활동의 정확한 기록을 통한 결과 분석

R&D부서원은 업무수행 시 단일한 프로젝트를 전담하기보다는 동시에 여러 가지를 행하는 경우가 다반사이므로, 어떤 것을 수행하든지 투입시간에 대한 업무를 정확히 파악해야 향후 성과 파악 시에 도움이 된다.

이를 위해 개발자들이 개발일지 등에 시간을 기록하도록 요구되는데 이것을 page 49에 제시된 양식 'Time Sheet'로 일목요연하게 정리할 수 있다. 이와 같은 양식을 이용하여 도출할 수 있는 정확한 결과물의 예는 다음과 같다.

① 프로젝트별 투입비용

프로젝트 비용 항목으로는 재료비, 인건비, 제반 경비(시제품 제작비, 여비교통비, 시험검사비, 소모품비, 교육훈련비) 등이 있으며 대부분은 인건비가 큰 비중을 차지하는데, Time Sheet 기록에 의한 인건비 계산을 아래에 예시해 본다.

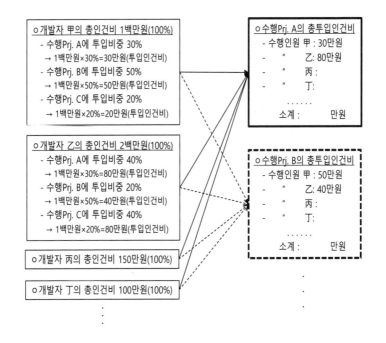

※ 각자의 투입비중(%)은 자신의 총 근무시간 중에서 해당 프로젝트 수행을 위해 사용한 시간의 비중을 뜻하며 이것은 Time Sheet 상에서 도출됨.

㈜○○○

확	담당자	PM
인		

Weekly TIME SHEET

(2020. . ~ . .)

○ 부서명 :

○ 개발자명 :

시간단위 : Hrs

요일	날짜	수행업무 내용 (구체적으로)	수행시간 Project Code	비 고
월	/ ○			
화	/ ○			
수	/ ○			
목	/ ○			
금	/ ○			
토	/ ○			

※ Project Code 例 → 1000 帶: 연구개발, 3000: 제안, 7000: 수주개발, 8000: 일반업무, 9000: 기타(교육훈련, 출장, 회의 등)
(※ 프로젝트 및 업무성격에 따라 사건에 따라 구체적으로 지정 要)

② 프로젝트별 수익 창출액(매출액)

제품의 개량 또는 신제품 출시로 매출이 발생하는 것은 개별 파악이 그리 어렵지 않으나 용역수행 프로젝트나 건설공사 같은 경우에는 최종 완료가 되지 않은 상태라도 매출액 계산이 필요한 경우가 많은데 이것은 제품 건과 달리 간단하지 않다. 회사 영위업종과 아이템에 따라 다소 다르겠으나 일반적으로는 다음과 같이 '진척도' 개념을 이용하여 산출하게 되며 이때에도 먼저 프로젝트별 투입비용(계획과 실적 모두)이 파악되어야 한다.

$$
\text{A프로젝트 \textbf{매출액}} = \text{A프로젝트 \underline{계약총액}} \times \overbrace{\frac{\text{A프로젝트 투입비용 \textbf{실적}}}{\text{A프로젝트 투입비용 \textbf{계획}}}}^{\text{↗ 진척도}}
$$

③ 프로젝트별 손익계산

○ 손익 = 수익(매출) - 비용(제조/용역원가 + 판매 관리비) + (영업외수익 - 영업외비용)

앞의 단계에서 파악된 수치 포함하여 위 산식의 각 항목을 대입해 보면 손익이 산출되는데, 용역 프로젝트를 수주하는 중소기업에서 이상(以上)을 준수하여 매출과 손익을 정확히 산정하는 곳이 생각 외로 드문 현실이다.

경기도 부천에 소재한 I 사는 전문건설업을 영위하는 기업으로,
건설 프로젝트가 짧은 것은 수개월에 끝나지만 긴 것은 수년씩도
소요되고 대부분은 1년을 경과하는 것들이 많았다. 2010년 여름에
방문했을 당시 이 회사는 나름대로 수행 프로젝트별로 매출 및 원
가 파악을 하여 기간별 손익을 산출해 왔다는데 필자가 파악해 보
니 아래와 같이 문제점이 발견되었기에 그 개선 방향을 도출하여
시정토록 하였다.

	현상/문제점	개선 방향
매출인식	- 진척도에 의하지 않고 세금계산서 발행시점에서 발행금액으로 계산	- 가급적 프로젝트 진척도(%)에 따른 매출액계산을 유도하고, 선행조건으로써 Project별 비목별 계약액과 투입실적액을 정확히 산출할 것이 필요
	- 이렇게 하다 보니 인식시점에 따라 매출액이 과다하거나 아예 없는 달도 발생	
비용인식	- 프로젝트별 개별비 계산은 비교적 잘되고 있으나 공통비 배부 개념은 미흡	- 공통비 배부기준을 명확히 수립하여 적용
	- 세금계산서 접수기준으로 처리하기 때문에 비용인식이 부정확	- 세금계산서 접수 여부와 관계없이 비용이 발생하면 즉시 반영
손익산출	- 위와 같은 문제점을 안고 산출되어 기간별로 손익이 들쭉날쭉하여 신뢰성이 저하	- 기간 내 수익 대응 비용의 원칙에 충실토록 하여 일관성 있는 손익산출을 도모

2) 특허 등 산업재산권으로의 연계

연구개발 활동을 통해서 얻게 되는 성과 중 중요한 것으로 기술이
나 노하우의 습득을 들 수 있다. 기업은 대개 다음 방법 중 하나를 이
용하여 자사의 경쟁력 강화 및 경영성과 제고에 일조하고자 한다.

① 특허 · 실용신안 등의 산업재산권 확보

유용한 발명의 결과로서 확보해야 할 산업재산권의 종류로는 특허권을 비롯해서 실용신안권, 상표권 등이 있으며 변리사 등 특허전문가의 도움을 받아서 출원하는 것이 바람직하다. 중소기업들이 대개 이 분야에 취약하므로 정부나 지자체, 공공기관 등에서 관련 비용을 일정 부분 지원해 주고 있다. 확보된 산업재산권은 법이 정하는 바에 따라 일정 기간 동안(특허권의 경우 20년) 타사[타인]의 기술침해에 대해 등록기업[등록자]을 보호해 준다.

② 기술자료 임치제도(Escrow)의 활용

이 제도는 기업의 핵심기술/자료를 제3의 신뢰성 있는 기관(대·중소기업농어업협력재단 등)에 안전하게 보관해 두고 만약 관련 기술의 유출이 발생할 경우 해당 기업은 동 임치물을 인용하여 해당 기술을 이미 보유해 왔음을 대외적으로 입증하게 해 준다. 또한 대기업도 중소기업이 파산/폐업 등을 한 경우, 해당 임치물을 이용하여 지속적인 유지·보수 및 활용이 가능하다. (법적 근거: 대·중소기업 상생협력 촉진에 관한 법률 제24조의 2)

※ 위 ①, ②를 상호 보완적으로 사용하면 효과가 배가 될 수 있다.

③ 영업비밀 보호 활용

해당 법규(부정경쟁방지 및 영업비밀에 관한 법률)에 의하면, 기업은 기술상 또는 경영상의 영업비밀을 소정의 절차와 요건에 따라 지정하고 이를 유지 시 타사[타인]가 이를 침해할 경우 그에게 민/형사상의 책임을 물음으로써 해당 영업비밀을 보호할 수 있는데, 이 역시 중소기업에서는 매우 취약한 실정이라서 보다 많은 관심이 요구된다.

다음은 영업비밀과 특허의 특징을 간략히 비교한 표이다.

영업비밀 대비 특허 비교

구분	영업비밀	특허
대상	기술적, 경영상의 정보	주로 기술적인 정보
형식 요건	관련제도를 갖추어서 스스로 비밀유지 준수	특허청에 출원등록
성립 요건	대외 미공개, 비밀유지	신규/개량, 상업성
보호 기간	보호 받는 한 영구 사용	20년
법적 효력	배타적, 사실상 독점	배타적 독점적 권리

3) 산출물 등의 적극 활용

[사례 10]

앞서 인용한 I 사와 기타 또 다른 J 사의 경우, 생산제품은 다소 다르지만 업종의 특성상 개발 단계에서 설계도면이 산출물로서 꾸준하게 생성되고 있는데 양 사 모두 이들 설계도면에 대한 관리가 제대로 되지 않았다. 고객으로부터 주문(order)을 받아 사업을 영위하는 공통점을 가졌는데 수주 시마다 거의 매번 설계도면을 새로 그린다는 공통점도 또한 같았다.

만약, 진작부터 설계도면을 DB로 구축해 놓고서, 수주 시마다 기존 도면을 검색하여 활용할 수 있는 여지를 모색해 왔더라면 수주 건당 보통 2~3일에서 길게는 1주일 이상도 소요되는 도면작성시간과 노력을 상당히 절약했을 것이다. 이들 회사는 도면이 만들어질 때마다 hard copy는 그것대로 쌓아 놓고 file(2D or 3D)은 file대로 무질서하게 서버 또는 개인 PC에 보관하다 보니 고객이 주문할 때마다 설계부서원 개인의 기억에 의존하여 과거 도면을 찾아보거나 또는 이마저도 번거롭다고 생략하는 경우도 있었다. 따라서 필자가 확인해 본 바로는 수개월밖에 안 된 신규제조모델에 대한 단순 추가 주문임에도 다시 도면을 작성하는 사례까지 볼 수 있었다.

4) 사전분석의 강화

위 1)~3)은 R&D 프로젝트가 진행 내지 완료된 경우의 성과 제고 방안인데, 사실 이에 못지않게 성과를 도모할 수 있는 부분은 프로젝트 수행 전에 사전분석을 강화하는 것이다. 즉, 기업이 보유한 자원은 유한하므로 R&D 프로젝트를 어떤 것을 하느냐 결정할 때는 사전 타당성 검토를 충분히 하여 기왕이면 성과가 더 나는 것으로 하고자 함인데, 그 간편한 판단지표로 다음을 예시하는 바이니 기업 여건 내지 개별 프로젝트 성격에 따라 이를 적절하게 응용하면 되겠다.

① 매출증대에 기여

○ 산식: R&D 프로젝트로부터 예상되는 직접적인 매출액 ÷ 동 프로젝트의 예상투입비용

○ 결정 key: 이 산식에 의한 값이 목표치(예: 2) 이상인 것 중, 동일 예상 기간 내에 이 값이 큰 것 순서대로 결정

② 이익창출에 기여

○ 산식: R&D 프로젝트로부터 예상되는 경상이익 ÷ 동 프로젝트의 예상투입비용

(경상이익 = 매출액 - 매출원가 - 판매관리비 - 영업외비용)

○ 결정 key: 이 산식에 의한 값이 +인 것 중, 동일 예상 기간 내에 이 값이 큰 것 순서대로 결정

③ 파급효과

○ 대상 항목:

a. 당해 프로젝트로써 직접적인 매출이나 이익 창출은 없더라도 관련되는 타 제품의 매출 내지 이익창출에 기여 시 그 기여 부분을 금액으로 환산하여 반영

b. 특허 출원 등으로써 자사의 대외 경쟁력 강화에 기여 시 그 정도를 반영

c. 기타, 자사에 긍정적으로 작용하는 점이 있으면 반영

5) 개발단계별 주요 관리 항목

여기서는 연구개발 프로젝트 중 '제품개발' 성격에 국한하여 각 개발단계별로 중요하게 관리되어야 하는 항목을 정리해 보고자 한다. 아래에 인용된 내용은 L 사의 실제 사례인데, 중소기업 여건상 일부 생략하거나 병합해서 진행할 필요가 있는 부분은 각사가 알아서 조정하면 될 터이다.

① 제품기획 단계

○ 외부환경 분석(시장/고객의 니즈 변화, 경쟁자의 강점, 공급자 동향…)

○ 제품의 신모델, 기술의 최신 동향

○ 회사 비전과 로드맵 정비

○ 상품화 개별 심의

○ 연간 수행 프로젝트의 결정, 건별 추진 승인

② 설계기준 단계

○ 관련 부서 참여하에 전체적인 설계

○ 목표 QCD(quality, cost, delivery)를 위한 상세 설계

○ 회로도 등의 도면과 BOM(bill of material) 준비

③ DV(design verification) 단계

○ Mock Up 검토

○ 관련 금형 발주

○ DV 제작 및 시험

○ DV디자인 검토와 품평회

④ EV(engineering verification) 단계

○ BOM 등록

○ 공정 set-up

○ EV 제작 및 시험

○ EV 디자인 검토와 품평회

⑤ PV(production verification) 단계

○ 규격 등록

○ 부품입고/ 수입검사(IQC)

○ PV 제작 및 시험, 출하검사(OQC)

○ PV 디자인 검토와 품평회

⑥ 양산 단계

○ 양산 생산계획 수립

○ 부품입고와 IQC → 양산 → 출하(OQC)

(양산 초도품 시험 후 출하 승인)

○ CS(customer service)

Ⅲ 구매/자재 기능

1. 전방위(前方位) 구매활동과 관리 포인트

1) 전체 구매개념 및 구매활동 분류

기업활동에 있어서 구매란 일반적으로 기업 영위에 필요한 유형·무형의 물적자원을 기업 외부에서 적절히 조달하는 것으로, 이들 자원을 효과적으로 사용함으로써 경영성과를 제고하는 데에 구매활동의 의의가 있다.

○ 물적자원의 종류

• 유형 : 원·부재료[자재], 소모품(생산용), 상품, 기계/설비, Spareparts, Utilities(전기/수도/연료...), 유형자산, 기타

협의   토지,건물,차량,비품

• 무형 : 산업재산권(특허, 실용신안, 상표권 등), 기술사용료

구매활동은 기업의 Value Chain상에서 생산(제조)의 직전 단계에 위치하는데 이를 좀 더 구분하며 자재기능과 연계하면 다음과 같이 구매종합시스템으로 발전된다.

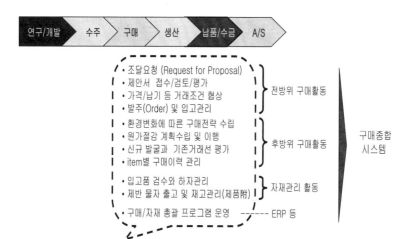

2) 전방위 구매활동 단계별 관리 포인트

① 조달요청(Request for Proposal) 단계

○ 구매하고자 하는 재화나 용역에 대하여 외부 거래선에게 가능한 한 구체적으로 정보를 충분히 제공

→ 품명, 코드, 규격/spec., 재질, 색깔, 용역의 경우엔 산출물에 대한 상세 정의, 구매 수량, 희망 단가, 입고 장소, 납기요청일, 기타 중요한 구매조건(일반/특수)

○ 가급적 복수(複數)의 구매거래선을 대상으로 본 RFP를 제시 (신규 참여도 허용)

② 제안서의 접수/검토/평가 단계

○ 자사의 RFP에 대하여 복수의 제안서가 접수되면 RFP대로 충

실하게 작성되었는지를 검토 후 자사 소정의 명문화된 평가기준에 의거하여 객관적이고 공정하게 평가

○ 접수된 제안서가 RFP에서 제시된 주요 조건을 충족하지 못할 시는 제안서를 재요청(타 거래선 포함)

③ 가격/납기 등 거래조건 협상 단계

○ 평가결과 최적의 거래선이 선정되면 소정 기간 내의 거래예정 규모를 대상으로 다시 한번 가격 등의 조건을 협상(→ 일회성의 구매거래일 경우는 생략 가능)

○ 연간 단가계약의 경우, 거래조건 협상결과를 반영한 상호간 구매기본계약서를 만들어 놓고서 필요시마다 구매물량만 발주

④ 구매발주(Purchase Order) 단계

○ P/O의 핵심개념은 구매필요 아이템에 대해 적정량(optimum quantity)을 적정시점(right time)에 발주한다는 것이다. 이 발주량과 발주 시점(타이밍) 간의 관계는 다음 표와 같다.

타이밍 발주량	늦음	적정	빠름	
많음	조업차질, 재고초과	재고초과	재고과다 (최악)	**적정량을 적정시점에서 발주하는 것이 key point !**
적정	조업차질	적정 (최상)	일시재고	(cf. 원부자재 가격상승이나 품귀 추세 또는 환률 등락 등의 변수는 별도로 고려 要)
부족	생산중단 (최악)	조업차질, 재고부족	조업차질	

(↑ 각 Case 공히, 발주만 하면 일정한 리드타임을 거쳐 정상적으로 납품 되는 것으로 가정)

필자는 2008년에 충북 진천 소재의 K 사를 대상으로 '구매/재고 관리기법 배양과 관련업무 체계화'란 테마로 컨설팅을 진행한 바 있다. 이 회사에 대해 위 9 Cell에 입각하여 특정 기간의 현상을 분석한 결과, 가장 중심에 위치한 '적정' 부분은 전체 건수의 1/3이 채 안 되는 것으로 나타나서 구매부서장 조차 깜짝 놀랄 정도로 자사의 실상을 새롭게 인식하는 계기가 되었다.

○ 구매 P/O 관리대장의 운용

구매발주 이후의 원활한 관리를 위하여 다음과 같이 소정의 양식에 의한 관리대장을 운용함이 요구된다. 여기서 핵심은 발주근거를 명확히 하고 납기준수 체크를 통해 입고내역을 기록하여 미입고 잔량을 해소해 나가는 것이다.

구매P/O관리대장(案)

발주일자	일련번호 (발주No.)	구매 Item			발주량 발주금액	발주낸 거래선명	발주근거 (수주고객명)	요구납기	1차 입고			2차 입고			⋯	비고
		품명	칼라	규격					입고일	검수량	입고후잔량	입고일	검수량	입고후잔량		
							①고객Order ②시스템상의 재주문 ③안전재고보유 ④개발품제작 ⑤기타									입고물건의 칼라/규격 변경, 품질 等 특이사항

〈기타 구매발주上 주요 Tip〉

○ P/O를 낼 때에는 자사의 공식적인 발주서 양식을 사용하며 내부결재 후에 이를 팩스나 이메일 등으로 상대방 거래선 담당부서[원]에게 송부함을 원칙으로 한다. 긴급한 P/O는 전화나 문자를 이용할 수도 있겠으나 이때에도 최대한 빠른 시간 내에 후속절차를 밟아서 발주서가 정상적으로 상대 업체에게 전달되도록 한다. 이때 주의할 점은 중복 발주가 안 되도록 상호간 확인 과정을 거쳐야 한다는 것이다.

○ 구매거래선[협력사]들에 대한 자사의 대내외 공식적인 창구는 자사 구매부서[원]로 단일화하여 여기서 구매조건에 대한 제반 협의를 전담토록 해야 한다.

※ 어떤 회사는 구매부서 이외에 생산부서 등 수요 부서가 부분적으로 P/O 기능을 갖는 경우(품절된 부품의 긴급발주 등)가 있는데, 이럴 때에 생산부서가 주문 시 구매거래선과 협의한 가격에 대해 추후 구매부서가 가격 nego를 하려 들면 그 거래선과 갈등이 빚어질 수 있어 바람직하지 않으므로 구매거래선에 대한 가격 등 구매조건 협의는 전적으로 구매부서[담당자]가 수행토록 해야 한다.

○ 회사 규모가 커지면 필요시 구매 목적물에 따라 담당부서[담당자]를 달리하여 지정할 수 있다. (예: 원·부자재 및 생산용 소모품은 구매부서, 생산용 장비/공구기구/계측기 등은 생산관리부서, 비품/차량/IT기기/일반소모품 및 기타는 총무[지원]부서)

2. 후방위(後方位) 구매활동과 관리 포인트

1) 구매 단가 이력 관리

구매발주 목적물이 입고되면 검수를 거쳐 생산부서 등 필요부서에 전달하느라 바쁘기 때문에 상당수 기업에선 구매단가 입력을 입고 후 한참 지나서 하거나 또는 이마저도 생략하여 입고품에 대한 구매단가 이력의 완벽한 유지가 안 되는 경우가 흔하다.

가장 바람직한 이력 관리 방법은, 입고물품에 대한 검수가 끝나는 즉시 발생일자/건별로 입고[또는 불량품에 따른 반품조치] 내용(코드/품명/규격/수량/단가/금액 등)을 ERP 등의 전산프로그램을 이용하여 반영(입력)해 주는 것이다. 이렇게 각 아이템별로 입력된 구매단가는 단기적으론 일정 기간 내의 평균단가 산출값을 적용하여 해당 기간 출고액(재료비) 또는 기말재고액이 계산되어 전사 손익에 반영되고, 중장기적으론 기존 아이템에 대한 향후의 구매조건 검토 및 유사/개발 아이템에 대한 구매단가 결정 등 구매정책에 폭넓게 활용된다.

2) 구매거래선[협력사] 관리

구매거래선[협력사]은 통상 다음과 같은 각 Flow별로의 관리가 요구된다. 이 중에서 후방위 구매활동과 관련된 부분은 자사와 거래실적이 있는 구매거래선에 대한 평가 및 이후의 조치 단계가 해당된다.

① 구매거래선에 대한 거래실적 평가

일정 기간(보통 1년)마다 해당 기간 내 실적을 평가하기 위해선 먼저 주요 평가 항목(품질, 수량, 가격, 납기, 서비스 등)에 대하여 객관적인 평가척도를 개발 후에 이것을 피평가업체(구매거래선)와 공유하고서, 평가결과를 정기적으로 각 거래선에 통보하여 이후의 업무 개선을 도모토록 한다.

② 평가 결과에 따른 조치

평가결과를 종합 점수로 환산 후 상위층 거래선에 대하여는 차기 P/O 배정 때 우선권을 주며 최상위 거래선은 주문물량 내지 납품 단가 등에서 merit를 추가로 부여할 수 있다.

구매거래선 관리 체계도

평가 점수가 하위층인 거래선은 단기적으로 P/O 배정 때 불이익을 주며, 계속해서 점수가 말단에 위치하는 거래선에 대하여는 거래선 Pool에서 제외(퇴출)토록 한다.

3) 원가절감 관리

원가 내지 비용의 절감은 전사적 차원이어야 하지만 여기 '구매/자재' 측면에 관해서는 원·부자재(재료비) 분야에 국한하여 거론해 본다. 일반적으로 재료비는 다음과 같이 구성 요소별로 분해가 가능하며 이들 각 요소별로 절감 포인트를 다루기로 한다.

→ 재료비 = 각 부품별 사용수량(BOM상 소요량 + Loss양) × 구입 단가

cf. 수입자재의 단가는 외화표시가격 × 원화환산 환률 × (1 + 부대비용)

① 사용수량 절감

○ 불량률 감소

불량을 발생유형별로 분류하고 그 원인을 밝혀서 아래 예와 같은 감소 방안을 마련하여 실행한다.

- 인적 측면: 작업자의 실수 재발방지를 위한 OJT 등 교육훈련, 공정투입 전에 자재 spec. 재확인….

- 자재 측면: 입고 시 품질검사 철저, 특채 허용기준의 강화….

- 기계 측면: 기계장치/공기구 및 계측기의 구동 상태 상시 점검,

정기 PM 실시….

○ 로스(Loss)율 감소

수작업에 의한 부분을 자동화 장비/프로그램으로 대체, 설계작업의 정교화….

○ BOM 정비

자사에서 생산하는 제품의 스펙에 대한 up-date가 지속적으로 이루어지고 있다면 이에 상응하여 BOM 역시 제때 정비함으로써 자재 소요량이 과다 계상되는 오류가 없도록 유도 → 특히 V. E(Value Engineering) 차원에서 대폭적인 제품개선이 진행되고 있다면 이에 따른 BOM 정비는 필연적이다.

② 구입 단가 인하

소요량 절감과는 다르게 단가 인하는 구매거래선과의 협상이 전제되어야 하기 때문에 용이하지 않은 게 일반적이다. 특히, 대부분의 중소기업은 구매교섭력이 자사가 아니라 상대방에게 있는 경우가 흔하므로 더욱 그러하다. 그럼에도 불구하고 특히 제조업에선 재료비가 차지하는 비중이 제조원가상에서 절대적(대기업 68.18%, 중소기업 63.09%, 종합 66.47%: 한국은행 「FY2018 기업경영분석」 2019년 11월 간행)이므로, 구입 단가 인하는 기업들이 추구해야 할 영원한 개선과제이다.

일반적인 인하방법	추진상 주의점
•기존 거래선에 대해 구매물량 확대 내지 현금결제 제안하여 단가인하 추진 •타 거래선(신규발굴 포함) 중 단가인하 가능한 곳을 물색 (국내/해외 병행) •평소 기존거래선에 대해 구매 기본계약 갱신시 특히 단가 협상에 주력 •향후 원자재 가격 상승 예상시 선(先)구매로 물량 확보	•품질저하가 동시 수반되는 단가인하는 절대 금물 (→자칫 불량에 의한 손실 이 더 커질 수 있음) •구매물량이 늘어나면 재고 또한 증가하기 마련이라서 과도한 재고량은 억제 •수입자재 경우 결제시점을 잘 조절하여 외화환산손실 을 최소화

3. 입고 관리상 주요 포인트

입고(入庫, Warehousing)란 글자 그대로 소정의 목적을 위한 재화가 창고로 들어옴을 가리키는데, 원재료 창고라면 제조를 위해 원·부자재가 들어오는 것이고 완제품[상품] 창고라면 출하를 위해 완성된 제품[구입상품]이 들어오는 것이 된다.

1) 원재료 창고의 경우

○ 우선, 구매발주한 내역대로 정확히 들어왔는지 품명·규격·수량을 검수(檢數)해야 한다. 이때 구매/자재 담당자가 직접 구매발주서와 실물을 대조하며 확인함을 원칙으로 하고, 확인 결과 이상

(異常)이 있는 부분은 즉시 상대방 구매거래선에게 피드백시키며 필요시 반품 조치를 취해야 한다. 또한 병행하여 거래명세서와 세금계산서를 취소 내지 정정토록 하고 차질이 생긴 물량은 최단 시일 내에 다시 납품될 수 있도록 요청해야 한다.

○ 검수뿐 아니라 품질 이상 유무도 확인이 필요한데, 입고 자재 품질에 상당한 신뢰가 있다면 납품사로부터 시험검사성적서를 징구토록 하고 동 성적서 교부가 아예 없거나 또는 있어도 품질 안정성이 충분치 않은 품목의 경우에는 자사 기준에 의거하여 필히 수입검사를 실시할 것을 권한다. 아직도 이러한 수입검사 기준이 명확하지 않아 입고 시 검수 위주로만 진행하는 중소기업들은 생산공정 중에 원자재 불량으로 인해 불량품이 발생하는 경우를 많이 겪으므로 속히 시정을 요한다. 또한, 불량 상태가 경미하여 '특채'를 채택하는 경우에도 객관적인 특채 적용기준을 자사가 아닌 고객 관점에서 보수적으로 설정하고 실물한도 견본 또한 비치하여 검사자의 주관적 내지 관대한 판단에 의한 불량발생 가능성을 미연에 방지하는 것이 좋다. 이러한 품질검사 결과, 이상이 있는 부분은 역시 즉각적인 반품 조치가 되도록 한다.

○ 수입검사 품질관리(IQC) 전담자가 따로 있지 않으면 대개 구매/자재 담당자가 동 업무도 병행하는 경우가 많은데 이 경우 IQC가 소홀해지기 쉬우므로 전사 품질 관리부서는 이 부분에 각별한 주의가 필요하다.

2) 완제품 창고 등 기타의 경우

모든 재화가 창고로 입고 시 공통적으로 중요한 점은 각각의 재화가 섞이지 않도록 별도의 저장 공간이 필요하며 또한 파손 없이 안전하게 제 위치로 입고되어야 한다는 것이다. 이것을 신속 정확하게 하기 위해서는 창고 내 물류 전산화가 필요한데 아직까지는 대기업 내지 유통전문기업 등에서만 하고 있는 실정이다. 필자가 1989년도 무렵에 일본의 유명한 산업용로봇 제조업체인 파낙(FANUC) 사를 방문한 적이 있었는데, 창고자동화가 이루어져 무인운반차가 무인창고에서 각종 부품을 수납한 뒤 로봇을 만드는 제조공정 라인을 따라 스스로 알아서 이동하며 부품을 공급하는 장면이 당시로선 매우 충격적이었다.

[사례 12]

2014년도 3월에 방문했던 서울 소재의 L 사는 창고 면적이 부족하여, 대부분 원자재 용도로 쓰고 있는 창고에 원자재가 한꺼번에 다량 입고되면 창고 밖까지 넘쳐날 정도인 상황이라 완제품은 별도의 보관창고 없이 제조현장 한 편에 쌓아 두었다가 출하 때가 되면 여기서 실려 나가곤 하였다. 원자재건 완제품이건 시건 장치는 아무것도 없이 실물이 보관되었고 기록관리 또한 미비하게 운영되어 온 것이 큰 문제점으로 지적되었다. 그 결과로서 일부 원자재/완제품의 훼손/멸실이 수시로 발생하였고 결산 때마다 이러한 부분을 정확히 파악하지 못한 채 대충 넘어가는 식으로 결산보고가 되어 온 것이다.

4. 출고 관리상 주요 포인트(대상은 원·부자재 위주로 기술함)

재화의 실물이동과 함께 이를 수불부 등에 기록하는 것은 모든 단계에서 공통적으로 요구되는 중요한 행위인데, '입고'에 비해 '출고' 횟수가 빈번할 수밖에 없다 보니 출고 단계에서는 더욱 다음과 같은 포인트에 맞춰 관리를 해 나가야 한다.

1) 자재 담당자와 출고요청부서 간의 근거문서 수수

아직도 많은 중소기업에서는 원·부자재를 현장에 출고할 때 업무가 번잡해진다는 이유 등으로 출고전표 발행과 승인을 생략하거나 약식으로 처리를 하고 있어서 아래와 같은 문제점을 안고 있다.

[주요 문제점]

○ 출고가 제대로 통제되지 않아 필요량 이상의 출고가 이루어져 자원의 낭비를 가져옴.

○ 원·부자재 단위당 정확한 수불부 운영이 안 되어 재고관리 또한 어렵게 됨.(예: 수불부상 기말재고 수량의 부정확 및 출고 이후 생산현장 내 보관 수량의 증가 등)

2) 출고재료의 구분

일반적으로 기업이 제조[생산] 활동을 위해 보관 중인 원·부자재를 현장으로 출고하는 것인데 간혹 다른 용도(목적)로 출고되는 경우가 발생할 때는 이를 분명히 구분하여 기록/관리가 되어야 한다. 이를 다음과 같이 구분해 볼 수 있으며 각각의 용도에 따라 서로 다른 인식코드를 부여해야 한다.

① 양산/제조용: 거의 대부분 경우에 해당

② 시제품 제작 등 연구개발용: 기업이 자체적으로 하거나 또는 외부의 R&D 지원사업에 동참하는 R&D프로젝트를 수행차, 자재를 출고 시에 해당

③ 시험검사/ 테스트용: 위 ①, ②에 해당되지 않는 경우로 신뢰성 검사 등의 목적으로 자재를 사용 시에 해당

④ 샘플/기타 사용: 위 ①, ②, ③에 해당되지 않는 경우로 외부에 자재를 샘플로 제공하거나 기타 사용 시에 해당

[사례 13]

역시 필자가 컨설팅을 수행했던 충북 음성의 M 사는 필자가 방문하기 훨씬 이전부터 평소에 자재를 용도별 구분 없이 출고 처리해 왔었다고 한다. 필자가 2005년도에 컨설팅 진행 도중 일정 기간 동안의 출고재료비가 생산량에 비해 많이 집계되었음을 이상히 여겨 원인 분석을 한 결과, 외부에 무상으로 제공해 온 일부 자재의 출고량이 예상보다 대폭 증가하였음을 발견하였다. 이후부터는 정상적인 양산 출고분과 무상샘플을 포함한 기타 출고분을 구분하여 집계 및 관리를 시작하였고, 이에 따라 10% 가까이나 되던 비(非)양산

재료비의 비중을 절반 수준으로 낮추게 되었던 것이다. 즉, 이를 구분하기 전까지는 제품 재료비율이 비정상적으로 올라가도 관리를 못하였으나 구분 관리 이후로는 매출에 기여 못하는 재료의 출고를 줄일 수 있게 되어 원재료비 낭비를 막아서 수익성 개선에 기여할 수 있었다.

5. 재고 관리 주요 포인트

1) 창고 외부에 시건 장치 부착 및 내부에는 재고현황판 비치

창고를 별도 운용하고 있으면 먼저 출입문에 시건 장치를 달아서 창고 내 입출고되는 자재와 출입자들을 물리적으로 통제하는 것이 바람직하다. 또한 창고 내에 재고현황판을 비치하여 현 재고 수량을 가급적 실물이동이 발생 시마다 또는 적어도 일일 단위로 기록해서 한눈에 창고 내 재고현황이 파악되도록 하는 것이 좋다. 가짓수가 많아 모든 아이템의 현황유지가 현실적으로 어려울 경우엔 우선적으로 값이 나가는 자재와 입출고가 빈번히 일어나는 자재를 위주로 하되, 정기적으로는(예: 주당 1회) 모든 아이템의 실물재고 수량과 재고수불부상의 그것과의 일치 여부를 반드시 확인해야 한다.

2) 부실재고에 대한 평소 관리

흔히 사람의 신체가 부실하다고 하면 체격 또는 체력이 열등하거나 몸의 어느 곳에 이상이 있어 기능이 미흡함을 일컫는데 기업의 경우에도 이와 유사한 것으로 부실자산을 들 수 있다. 부실자산은 장부상 가액에 비해 실체의 가치가 현저히 떨어지는(심하게는 빈 껍질에 불과한) 자산을 말하는데, 대표적으로 꼽히는 부실매출채권에 이어 부실재고, 부실 유형자산(토지, 건물, 기계/설비 등)과 부실 금융자산(주식, 금융채권 등)들이 그것이다.

부실재고의 관리란, 부실재고의 발생을 최대한 억제하고 평소 부실재고 현황을 정확히 파악하며 기 발생한 부실재고는 신속히 처리하는 것을 의미한다.

① 부실재고 발생을 최대한 억제

부실재고 관리의 첫 번째 단계는 다음과 같이 각 유형별로 원인을 규명하고 이에 대한 대책을 세워서 이들 부실재고가 원천적으로 발생하지 않도록 하는 것이 무엇보다 중요하다고 할 것이다.

부실화의 유형별 발생원인과 대책

부실화의 유형	발생 원인	대책
- 파손/분실	- 취급 부주의, 관리의식 미흡	- 수입검사 철저, 재고 관리교육 강화
- 도난	- 시건 장치 미비	- 시건 장치 등 출입 시 보안수단 강구
- 과다/잉여재고	- 매출 예측 부정확, 발주 오류	- 시장/고객의 수요관리, 구매발주기법 적용

② 평소 부실재고 현황을 정확히 파악

위 억제책에도 불구하고 시나브로 발생하는 부실재고는 최대한 조기에 정확한 현황을 파악해 두어야 한다. 그래야 그 규모에 따른 처리방안을 강구할 수 있기 때문이다. 이를 파악하는 대표적인 수단이 '재고조사'로 다음과 같은 방법으로 행함이 보통이다.

○ 시기: 정기(매월 1회를 기본으로 하고, 주요 아이템은 매주 1회) + 수시(부실의 이상 징후 발견 직후 또는 임의 시기)

○ 대상: 수불부상의 모든 아이템(재고수량이 0인 것도 포함) + 재고실물 있는 모든 아이템

○ 조사 내용: 조사 시점 당시의 실물 존재 수량(→ 금액가치 계산은 다음에서 설명) 및 대상 아이템의 외관 상태와 기능상의 문제 여부

※ 재고 조사에 관한 자세한 방법론은 다음 6절(「기말재고 평가 및 재고실사 방법」)을 참조 (pp.78~86)

[사례 14]

필자가 본격적으로 경영컨설팅을 시작한 연도(2002년)에서 그리 멀지 않은 초창기 때에 경기도 곤지암 인근의 N사를 방문한 적이 있었다. 그 회사의 사업장은 부지가 넓어 정문에서부터 건물 본관까지의 거리가 상당했는데 걸어 들어가면서 놀라운 광경을 보았으니, 길 양쪽으로 천막을 씌어놓은 무언가가 정문 입구에서부터 건물까지 수십 미터에 걸쳐 가득히 널려 있던 것이었다. 그것이 뭘까 궁금하여 사무실에 들어가서 CEO와 대면 후 문의를 했더니 '재

고'라는 답변이 돌아왔다. 일부 완제품을 포함하여 자재 재고가 계속 쌓이는 통에 건물 내부의 보관 면적이 모자라서 그렇게 건물 밖에도 늘어놓게 되었다는 것이다. 자재들이 처음엔 기능상의 문제가 없었겠지만 오랫동안 외부에 방치된 채로 햇빛과 눈·비바람에 노출되었으니 대부분은 못 쓰는 상태가 되었을 텐데도 처치할 방법이 마땅찮아서 그냥 보유 중인 재고들이었다. 더군다나 그 재고금액이 얼마인지조차 CEO는 모르고 있었으니 그 기업은 예상대로 진단 과정에서 재고관리가 매우 미흡한 상태임이 여러모로 드러났던 바, 지금도 그 사례는 종종 필자에게 강렬하게 기억되고 있다. 그 기업이 진작 '재고는 돈'이라는 생각을 하였더라면 그런 식으로 자재 관리를 하진 않았을 것이고 상황은 분명히 달라졌을 터이다.

③ 부실재고의 처리

정기 및 수시의 재고현황 파악을 통해 부실재고(비정상재고)가 발생한 사실이 확인되면 가능한 한 신속하게 처리하는 것이 좋다. 먼저 평가감(다음 참조)을 최소화할 수 있는 방법을 찾아보고, 매각 또는 폐기하고자 하는 대상물에 관한 사진 촬영 및 내부품의서 결재 등의 근거를 필히 확보 후에 처리해야 한다.

< 참고- 非정상 재고자산에 대한 정의와 평가감 實例 >

구 분	정 의	평가감 비율
ⅰ) 시가 < 장부가 인 재고	아래 ⅱ),ⅲ) 이외의 정상재고이지만 시가가 장부가보다 낮은 재고	장부가 - 시가
ⅱ) 불용재고	파손, 훼손, 사양변경, 단종 등으로 재산적 가치가 현저히 낮거나 사용자체가 곤란한 재고	(장부가 - 처분 가능액)의 100%
ⅲ) 과다/진부화 재고	과거 3개월간 사용[판매]실적이 없는 재고 및 그 실적이 있더라도 과거 3개월 동안의 사용 [판매]수량을 초과하는 재고	

3) 재고자산 관리지표(항목)의 운용

① 재고회전일수[재고회전률]

재고 관리지표 중 가장 보편적이며 중요한 것이 바로 재고회전일수 또는 재고회전률로 의외로 많은 중소기업들이 이를 제대로 활용하지 않고 있는데 그 계산방법은 다음과 같이 매우 간단하다.

○ 재고자산회전일수 = 일정 기간 내 평균재고액 ÷ 동 기간 내 매출액 × 동 기간의 일수

(단위: 일수 → 짧을수록 좋음)

○ 재고자산회전률 = 일정 기간 내 매출액 ÷ 동 기간 내 평균재고액

(단위: 회 → 많을수록 좋음)

여기서 '일정 기간'이라 함은 산출대상 기간을 뜻하는 바, 이것을 1년으로 잡으면 일수는 365일이고, 1분기면 90일, 1개월이면 30일이 된다. 이론상으로는 1주나 1일 단위로도 회전일수[회전률] 산출

이 가능하지만 대상 기간이 짧을수록 동 기간 내 대상금액(평균재고금액 내지 매출액)의 충실도가 결여되기 때문에 되도록 산출대상 기간은 넉넉하게 잡는 것이 바람직하다.(특히, 산출값을 전기 대비 당기로 비교하여 추세를 보려면 더욱 그러하다.)

○ 회전일수[회전률] 산출의 Tip: 재고자산 '전체' 값과 함께 가능하면 주요 재고종류별로 산출, 최근 수치를 포함한 과거 3개년 값의 추이 분석, 자사 대비 산업평균 값의 비교(→ 한국은행이 간행한 '기업경영분석' 최신판에서 자사의 세세분류 업종이 속하는 단계의 상위 단계인 세분류 내지 소분류 업종의 것을 인용)

② ABC 분석에 의한 관리

"파레토 법칙(80:20의 법칙)" 의 적용 해석 例

- 구매 Item의 20% 가짓수가 구매금액 80%를 차지함
- 발주 빈도수 80%는 전체 구매 item 수의 20% 정도임
- 구매거래선 전체 중 20% 정도가 구매액 80%를 점유

○ A그룹 : 금액,빈도수 등이 절대 다수(예:80%)를 차지하여 최우선의 관리가 필요한 그룹
○ B그룹 : A그룹 다음으로 주의가 필요한 중간그룹
○ C그룹 : 절대 비중도 미미하고 그다지 중요도가 크지 않아 최소한의 관리로 가능한 그룹

③ 적정 발주량 연계 (재고 관리시스템 운용)

특히 원자재 같은 재고자산은 발주 단계에서부터 주의를 기울이지 않으면 과잉재고로 이어지기 쉽기 때문에 적정발주량을 유지한다는 것은 매우 중요하다. 다음에서 보편적으로 많이 이용되는 발주시스템 두 가지를 비교하였다.

P- System (periodic review system)은 **일정주기마다** 목표재고 대비 현재고를 '점검'하여 그 **부족분 만큼을 주문**하는 방식으로서, 주문량은 매 일정[점검]주기마다 달라짐.

• 적용대상품목 : 계속하여 재고기록을 별로 하지 않는 값싼 품목, 주문/납품이 일정 기간마다 이루어지는 품목, 동일 공급자로부터 여러 품목을 납품받는 경우 等

• 목표재고 = 리드타임 동안의 예측수요 + '점검'기간 중의 예측수요 + 안전재고량
• 실 주문량 = 목표재고 - (현 보유재고 + 입고예정수량)

Q- System (continuous review system)은 현 재고가 재주문점(Re-Order Point)에 도달할 때마다 한 번에 **정해진 일정량을 주문**하는 방식으로서, 주문시점은 그때마다 달라짐.

• 적용대상품목 : 품절위험이 커서 안전재고를 많이 보유할 필요가 있는 품목, 중요도가 큰 고가의 품목 等

• 재주문점 = 리드타임 동안의 예측수요 + 안전재고량

6. 기말재고 평가 및 재고실사 방법

[사례 15]

경기도 내에서 창업하여 그곳에서 사업장을 오랫동안 영위해 오다가 나중에 화성시로 이전한 O 사의 사례를 소개해 본다. 그 기업이 새로 건물을 신축하여 이전한 지 얼마 안 된 2008년에 필자가 방문한 지 두어 차례 때, 마침 월말이 되어 기업에서 재고조사를 하는 것을 우연히 보게 되었다. 자재 보관 장소에서 기업대표가 직접 실물을 카운트하며 수량을 종이에 적고 있어서 잠깐 대화를 나누었는데, 대표는 재고조사의 의미를 전혀 모른 채로 다른 기업이 하니까 우리도 따라 한다는 식으로 수개월 째 해 오고 있던 중이었다. 더군다나 수불부에는 금액 표시 없이 수량만 기재된 상태이고 실물 재고와 차이 나는 현상이 지속, 반복되고 있는데도 어떠한 조치를 할

생각도 안 한 채 그저 월말이 되면 기업대표는 기계적으로 팔을 걷어붙이고 재고 조사에 임하고 있던 것이었다.

1) 정확한 수불부 유지의 의미

재고 수불부(受拂簿)라 함은 재고의 증감상황을 그때마다 기록한 문서로 전체적으로 보면 '전기이월 + 당기 입고 - 당기 출고 = 기말 재고'의 내용으로 구성되어 있다.

(수불부 양식은 다음 페이지에 예시함)

수불부가 정확하게 유지된다는 것은 다음의 요건들을 모두 만족시키고 있다는 뜻이 된다.

○ 실물 이동 시마다 실시간으로 수량 기록이 수반되어 현재 수량이 실물재고와 일치

○ 수량뿐 아니라 금액까지 병행 기록되어서 출고재료비와 기말재고액이 정확하게 산출

특히 위 [사례 15]처럼, 아직도 대다수 중소기업에서는 재고수불부를 수량만 기록하고 금액 평가를 별도로 하지 않는 상태라서 재료비 산출이 부정확하여 회계 결산의 신뢰성에 상당한 문제를 안고 있는 실정이다.

※수량 뿐 아니라 금액도 기록 要

2020년 1분기 재고수불부
(원재료/제품/상품 等)

'20. 3.31 기준

例000

코드(Code)	품명(Description)	규격(Specification)	단위	기초재고			당기 입고			당기 출고			기말재고		
				수량	단가	금액	수량	단가	금액	수량	단가	금액	수량	단가	금액

우리 회사의 경우는 어떻게 하고 있나?

ㅇ 기초재고 : 전기말(전년말) 재고가 당기 기초재고로 이월된 내용으로서 수량 뿐 아니라 기말 평가에 의한 금액도 병행 기재 요

ㅇ 당기 입고 : 同 item에 대하여 당기(위 예에서는 2020. 1.1~3.31) 중에 입고된 모든 수량 및 금액을 기록

ㅇ 당기 출고 : 同 item에 대해 당기 중에 출고된 모든 수량을 출고 사유별(양산,개발용,샘플제공 등)로 구분하여 기록
  출고금액은 소정의 평가방법에 의한 계산결과 반영

ㅇ 기말 재고 : 기초 재고(이월) + 당기 입고 - 당기 출고 = 기말 재고 이 산식에 따라 수량과 금액을 각각 계산. '- (minus)'에 주의
  (→ 전산 프로그램을 운용한다면 '-' 발생을 완전적으로 붙여토록 함이 필요- Fool Proof)

2) 재고금액 평가

① 평가의 의미

아래 표 例와 같이 동일한 어떤 item의 단가가 기초 재고 및 당기 입고 수량 별로 각각 다를 때 출고 수량 및 기말재고 수량에 대한 금액을 어떻게 계산하는가는 매출원가 반영과 손익에 영향을 주는 매우 중요한 문제임.

(기업의 여건에 가장 잘 맞는 최적의 방법을 선택해서 지속적인 적용 필요)

재고평가 관련

기초 재고		당기 입고		당기 출고		기말 재고	
수량	금액	수량	금액	수량	금액	수량	금액
10	90 (@9)	10	100 (@10)			20	190 (@9.5)
				15	?	5	?
		20	220 (@11)			25	?
				10	?	15	?
				10	?	5	?

② 원가법에 의한 평가방법 종류(법인세법시행령 제74조)

o 개별법 : 모든 대상 item의 개별 단가를 표시해두었다가 해당 item 출고시 각각 개별로 매칭시켜 금액 계산함. 가장 정확한 방법일 수 있지만 그만큼 절차가 번잡해지고 시간이 많이 소요됨.

o 선입선출법(First-in, First Out) : 먼저 입고된 순서대로 출고된다는 가정하에 출고 수량의 단가 적용을 입고 물량이 차례로 소진되는 바에 따라서 금액 계산함. (위의 예에서는 출고액 計 355, 기말재고 55)

o 총평균법 : 기간내 가용물량(기초재고+당기입고)에 대한 총평균단가를 구해서 이를 출고 물량 모두 및 기말 재고수량에 동일하게 적용하는 방법임. (위 예에서는 출고액 計 359, 기말재고 51)

o 이동평균법 : 입/출고가 발생시마다 직전의 평균단가를 산출, 적용하는 과정을 계속 반복하여 새로운 단가를 구해서 출고액 및 재고액을 평가하는 방법임. (위 예에서는 출고액 計 357, 기말재고 53)

o 후입선출법 : 선입선출과는 정반대의 개념임.(한국 채택의 국제회계기준에서는 사용하고 있지 않음)

3) 재고실사 방법

① 재고조사 실시 Flow

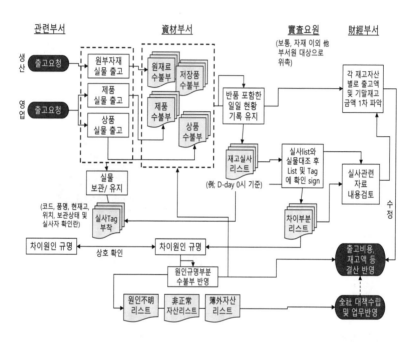

② 재고조사 단계별 준비사항

위 Flow에 해당되는 단계별 준비사항은 다음 페이지와 같다.
(p.83 참조)

③ 재고조사 관련 양식

재고조사 관련 양식의 예를 들면 다음과 그 다음 페이지와 같다.

○ 재고실사 리스트 (p.84 참조)

○ 재고조사 Tag (p.85 참조)

재고조사 단계별 주의사항

항목	준비 작업/자료명	주관부서명	비고
① 사전준비단계			
· 재고실사계획 수립	- 전체일정확정, 실사요원(長) 위촉, 관련자 교육	財經	· D-2일까지 완료
· 실사대상 재고List 출력	- 원재료, 저장품, 제품, 상품별	資材	· D-day, 0시 기준-例
· 재고실물 정돈 및 tag부착	- 재고 item별 tag	〃	〃
② 진행단계			
· 재고실사 진행	- 재고실사list, 재고Tag	실사요원	· 외부 제3자 입회 可
→ item별로 기록수량 vs 실물확인, 보존상태 파악			(CPA 등)
· 실사 마감	- 실물대비 차이부분 list-up	실사요원 長	· 취합후 자재 및 재경 부서에 통보
③ 사후관리단계			
· 차이부분 규명작업	- 차이부분 리스트 (제품,상품)	자재-영업	
	- 차이부분 리스트 (원재료,저장품)	자재-생산	
· 정당한 차이부분에 대해 수불부 정정	- 원인규명내역서 확보 (관련부서장 확인 必)	資材	· 수정된 수불부는 재경부서에 재송부
· 원인불명에 대해 list-up	- 左同 자료	〃	
· 非정상 재고자산에 대해 list-up	- 비정상재고에 대한 기준 선결	자재/재경	재경부서에 통보하여 전사적인 대책수립후 업무반영 위계
· 부외자산에 대해 list-up	- 左同 자료	資材	
· 재고관리상 문제점으로 나타난 부분에 대해 정리	- 보고서 (현상/문제점 및 향후 개선방향 等)	실사요원 長	· 사장 결재

재고조사 양식 중 재고실사 리스트

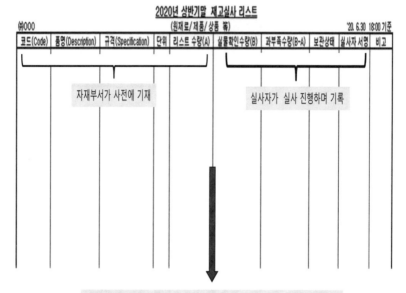

2020년 상반기말 재고실사 리스트

(㈜000   (원재료/ 제품/ 상품 等)   '20. 6.30 18:00 기준

코드(Code)	품명(Description)	규격(Specification)	단위	리스트 수량(A)	실물확인수량(B)	과부족수량(B-A)	보관상태	실사자 서명	비고

자재부서가 사전에 기재

실사자 실사 진행하며 기록

가급적 실물이동 내역과의 차이가 최소화되는 시점(예:6월30일 일과종료시점인 18시)을 기준으로 하여 재고 유무 관계없이 모든 item 대상으로 대상 리스트를 출력함. (일과 종료 후엔 수불 정지가 원칙이지만 부득이 입/출고 이동이 발생할 시엔 그 내역을 별도 기록 후 이를 실사 결과에 반영하여 현황을 정확히 유지)

　오른쪽 그림과 같은 태그를 2매씩 출력하여 실사 전까지 모든 대상 item 보관장소에 비치해두면, 실사자가 실사 확인 내용을 기록후 1매는 보관장소에 두고 나머지 1매는 실사자 본인이 실사리스트와 함께 지참하여 실사 종료 후 실사요원 長에게 제출함. 실사요원長은 추후 이들 2매를 모두 회수, 대조하여 이상 유무를 다시 확인함.

재고조사 Tag

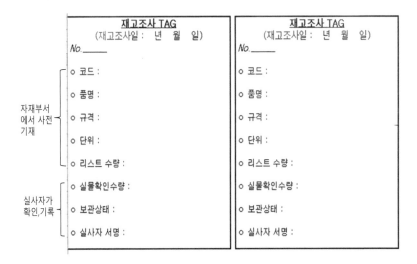

4) 재고조사 결과 조치

실물 이동(입고, 출고)에 따라 재고수불부 기록이 계속 이루어져
왔다면 양자 간에 차이는 그리 크지 않을 것이며 차이가 있다 해도
기록 지연 내지 근거서류 등을 확인하여 그 내역이 대부분 파악되
어서 해당 과부족을 정리만 해 주면 된다. 그러나 그럼에도 사유가
명확히 파악이 안 되는 다음의 경우에는 추가 조치가 필요하다.

① 장부수량〉실제수량

재고실물 수량이 장부(수불부)에 비해 적은 대부분의 경우로 파
손, 마멸, 도난 등의 원인으로 발생하는데 이 경우 동 재고자산감모
를 정상적인 영업활동의 결과로 보느냐의 여부에 따라 매출원가 또

는 영업외비용으로 처리하고 수불부 수량은 감소 조치한다. 한편, 재고조사 결과 수량차이는 없으나 보유재고가 장기화되면서 가치가 하락 시엔 별도의 평가손실로 하여 매출원가에 반영해 줄 필요가 있다. 다음의 그림은 이와 같은 관계를 나타내 준다.

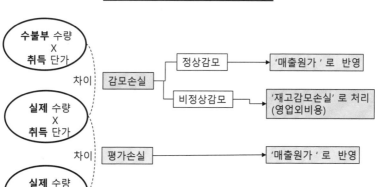

재고자산 감모손실 내지 평가손실 처리

② 장부수량〈실제수량

장부(수불부) 수량보다 실제 수량이 더 많은 드문 경우로, 구체적인 사유가 판명되지 않으면 수불부상 수량을 증가시키고 일반적으로 공정가치(아래 참조) 등에 의해 평가된 금액을 '특별이익' 또는 오래전부터 기인해 온 것이면 '전기오류 수정이익' 등으로 처리해야 한다. 그러나 주의해야 할 것은 정상적으로는 실제 수량이 장부상보다 많을 수는 없으므로 이러한 결과가 나타났을 때에는 먼저, 과거에 반영되었어야 할 입고 내지 출고기록이 누락된 사실이 없는지를 철저하게 규명하는 것이 절대적으로 필요하고 그 규명된 내용에 따라서 조치해야 할 것이다.

○ 공정가치란

합리적 거래를 전제로 다른 당사자 간에 자산이 거래될 수 있는 가격. 즉 시장 가격에 준하는 가격을 말한다. 2012년 도입된 국제회계기준(IFRS; International Financial Reporting Standards)에서는 기업들은 보유한 자산을 공정가치인 현재의 시장가격에 맞춰 평가해야 한다.(→ 거의 모든 기업의 준수 의무)

---

7. 구매종합시스템 구축

1) 구매종합시스템의 의의

구매종합시스템은 「Ⅲ. 구매/자재 기능」 도입부에서 언급된 바와 같이, 구매/자재 관련된 총괄 전산프로그램(ERP 등)을 기반으로 하여 구매기능의 전방위, 후방위 활동과 함께 이에 수반되는 자재관리 활동을 종합적으로 운영하는 시스템을 지칭한다. (앞의 p.59 참조)

2) 구매종합시스템의 근간이 되는 구매표준절차 사례

구매종합시스템이 보통의 구매기능과 크게 차이 나는 부분은 구매거래선(협력회사)에 대한 선정-운영(거래)-평가-관리를 매우 체계적으로 한다는 것으로 이를 위해 구체적인 절차와 기준을 좀 더

엄격하게 갖출 것이 요구되고 있다. 아래 그림은 이에 관한 모 대기업의 구매표준절차 사례이다.

구매표준절차 예

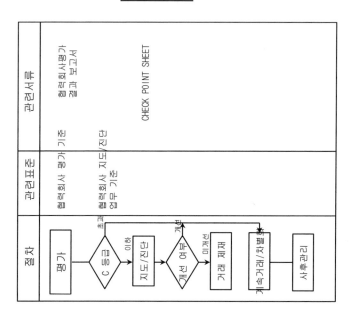

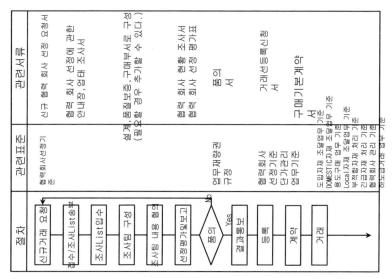

Ⅳ 생산'관리' 기능

'생산관리' 기능은 일반적인 '생산' 기능과 통상 구분하여 대개 다음과 같이, 생산업무 전반에 통용되는 작업지시서를 관리하고 생산일정의 우선순위 부여 및 이를 조정하며 생산계획 대비 실적관리와 함께 BOM 관리를 다룸이 일반적이다.

1. 작업지시서 관리

작업지시서는 기업에 따라 생산지시서 또는 작업의뢰서 등으로 불리는데, 명칭이야 어떻든 기업이 시장/고객에 납품해야 할 목적물을 제조[생산]하라고 생산현장(Shop)에 명령하는 문서를 가리킨다. 필자가 이제까지 방문해 본 기업들은 어떤 형태로든 이것을 문서 또는 file로 유지하고 있었지만 일부 기업에선 이것의 기록내용이 불충분하여 관련 부서(영업-구매-생산) 간에 추가 협의를 거쳐야 하거나 심지어는 고객[사]에까지 재문의해야 하는 경우도 발생하였으므로 本 양식은 처음부터 잘 고안하여 생산활동에 필요한 제반 정보가 충분히 기재될 수 있도록 주의가 필요하다.

기재되어야 할 필수정보를 예시하면, (주문)일련번호, 고객명[납품처명], 제품명, 규격, 수량, 단가, 납기[출하]요구일, 생산부서명, 생산개시일, 생산완료예정일 등과 같다.

2. 작업 우선순위와 조정

이것은 생산관리 기능 중에 가장 중요한 부분으로 기업이 한정된 생산설비와 인적자원을 가지고 여러 고객[시장]을 상대로 납품해야 할 목적물을 생산함에 있어서 요구 납기일을 모두 충족시키지 못하는 경우에는 전사적 입장에서 생산[작업]순위를 결정해 줘야 한다는 것이다.

[사례 16]

창업 이래 경기도 안산에 주된 생산공장을 두고 사업을 영위해 오고 있는 P 사는 전형적인 고객주문 방식의 기업으로 영업부서 내 여러 영업직원들이 각자의 고객을 대상으로 수주를 해 와서 이를 생산부서에 제각기 전달하는 방식을 취하여 왔다. 생산부서의 capa. 가 평소 수주량을 흡수할 때에는 상관없으나 매월 하순께 또는 매년 4/4분기 즈음하여 수주량이 집중될 때면 생산부서가 잔업과 휴일특근을 실시해도 일부 고객의 납기를 맞추지 못하는 경우가 종종 발생하는 문제가 지속적으로 반복되고 있었다.

필자가 2006년경 방문 시 현상을 파악해 보니 그 기업의 생산관리 부서 내에 이를 조정하는 기능이 전무했으며 각 영업 부서원들은 요구 납기일을 맞추기 위해 각개전투식으로 생산부서 관리자들에게 대시해 가며 업무를 진행하였고 이 과정에서 직위가 낮은 영업직원의 고객들은 후 순위로 밀리는 형국이었던 것이다. 이를 해결하기 위하여 향후에는 영업직원들이 주문 수주 시 고객에게 납기를 직접 약속하는 것을 지양토록 하였고 영업 부서원들 각자의 수주 건은 영업 관리 총괄직원이 통합·조정 후에 이를 생산부서에 일괄 전달함으로써 내부적으로는 혼돈 방지와 함께 공정성을 확보토록 하였으며 대외적으로도 공신력을 제고토록 조치하였다.

3. 생산계획 대비 실적

제조라인을 갖추고 있는 기업이라면 응당 매일의 생산실적을 집계함이 일상인데, 특히 이 부분은 '생산계획'과 비교하여 분석되어야 의미가 있다. 즉, 전사 차원에서 모든 제품의 생산현황을 정기(매주, 매월) 및 수시로 계획 대비 실적을 집계하여 이것을 영업을 포함한 주요 부서 간에 공유하며 고객/시장에의 출하 시기와 출하량 등을 잘 관리해 나가야 하는 것이다. 물론, 생산계획은 영업부서의 매출계획을 기반으로 사전에 작성되어야 하는데 경영환경의 변화로 매출계획의 수정이 불가피할 경우엔 생산계획 또한 변경되어야 하므로 생산관리 기능을 갖고 있는 부서나 담당자는 항상 최신의 생산계획(이동계획 포함) 수치에 대비한 생산실적 현황을 유지해야 한다.

'생산계획 대비 실적' 현황에 담겨야 할 주요 정보를 예시하면 다음과 같다. 즉, (수주)일련번호, 제품명, 코드, 규격(spec), 소정의 기간 내 계획수량(A), 동 기간 내 실적수량(B), 차이(B-A), 과부족에 대한 조치, 비고 → 제품명은 출하되는 최종 완성품을 기준으로 하되, 하위 레벨(반제품 내지 일부 제품단위)로도 납품될 경우는 이것도 포함.

4. BOM 관리 및 기타

1) BOM의 신규 제정

BOM(Bill of Material)은 제품의 완성을 위한 '원·부자재 소요량 명세'를 뜻하는 것으로 일반적으로 완제품을 하나하나 분해해 나갈 때 더 이상 분해할 수 없는 최종 부품 단위까지 나열되는 tree식 구조를 취한다(역으로 이들 부품을 조립해 나가면 최종 완성품이 됨).

BOM 구조 예시

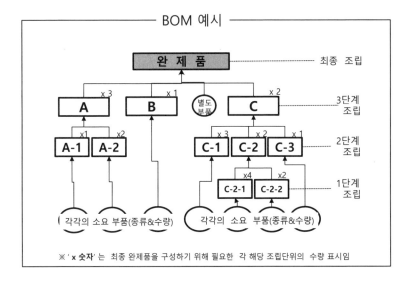

BOM 예시

완 제 품 ---- 최종 조립

A ×3   B ×1   별도부품   C ×2 ---- 3단계 조립

A-1 ×1 A-2 ×2   C-1 ×3 C-2 ×2 C-3 ×1 ---- 2단계 조립

C-2-1 ×4 C-2-2 ×2 ---- 1단계 조립

각각의 소요 부품(종류&수량)   각각의 소요 부품(종류&수량)

※ 'x 숫자'는 최종 완제품을 구성하기 위해 필요한 각 해당 조립단위의 수량 표시임

그림처럼 BOM은 최종 완제품인 母 단위를 하위 레벨인 子 단위, 또 그 밑의 손자 단위 레벨로 계속 풀어 내려가면서 해당 필요 수량도 나타내어 결국엔 최종 부품 단위까지의 필요한 모든 아이템과 전체 소요량이 파악될 수 있다. 또한 중간 단계별로 각각의 조립단위까지도 나타나게 되는데 어떤 기업에서는 이 조립단위 부분을 별도로 EAC(Equipment Analysis Card)라고 하여 BOM과 병행하여 관리하기도 한다.

제조업을 창업하거나 또는 기존 제조기업에서 신규 제품을 생산하고자 하면 반드시 BOM을 제정해 놓아야 이를 활용하여 구매(납품수량 생산을 위해 필요한 부품별 원부자재 총량을 발주) 및 생산(조립단위별 제조설비와 작업자 배치) 업무가 진행된다. 제품 가짓수가 많거나 또는 제품 자체가 복잡할수록 BOM 활용을 수작업으로 하기가 곤란하므로 일반적으로는 ERP나 MES 등의 전산프로그램에 연동하여 자재소요량(BOM) 내지 조립물량(EAC) 산출 작업을 진행하는 것이 일반적이다. 필자가 대학교 졸업하던 해에 입사한 첫 직장은 그 해에 국산전자교환기(ESS)를 주력 제품군으로 갖게 되었는데 전화국에 납품할 전자교환기 1식을 BOM으로 풀어내면 소요부품 종류만 해도 통상적으로 1만 5천에서 2만 가지 이상이었던 것으로 기억된다.

2) 기존 BOM의 주기적인 up-date

이와 같이 BOM은 자재소요량 산출 및 조립단위물량 산출의 근거가 되므로 항상 정확한 현황이 유지되어야 하는데, 기업에 따라서는 기존 제품 자체의 규격변경 내지 소요부품의 단종(斷種) 또는 신규제품 추가 등에 따른 변동 내역이 BOM에 제때 반영되지 않아서 간혹 부정확한 정보로 인한 오류가 발생되기도 한다. 따라서 이를 방지하기 위해선 전담 부서[원]로 하여금 모든 변경에 관한 정보를 총괄적으로 입수하여 그때마다 BOM에 신속히 반영토록 해야 한다. 대개 생산관리나 설계, 개발 부서가 BOM을 담당하는데 어느 부서가 관장하든 전사 차원에서 분명히 지정해 놓아야 관련부서 간에 혼돈이 발생하지 않을 것이다.

3) '생산기술' 기능의 병행

기업 규모가 클수록 조직 기능이 세분화되기 마련인데 대기업 또는 제조 기능이 특화된 중견/중소기업에서는 생산기술 부서와 전담 엔지니어를 별도로 두어서 생산공정 내지 제조 장비에 대한 up-grade(개선/개량) 업무를 수행토록 하고 있다. 일반 중소기업에서는 별도의 부서를 둘 필요까진 없겠으나 제조사업장을 갖춘 곳이라면 이러한 생산기술 기능을 생산관리에 포함시키는 것이 바람직하다고 하겠다.

Ⅴ 생산 일반 기능(품질 포함)

1. 작업일지[생산일지]의 기록 관리

필자가 처음 직장생활을 시작하게 되었을 때 당시 생소한 것 중의 하나가 '업무일지'를 쓰는 것이었다. 그것은 인쇄된 소정의 양식지에다가 당일의 업무실적과 익일의 업무계획을 요약해 기록하는 것으로 입사 후 한동안은 무얼 어떻게 써야 할지 몰라서 당황했던 적이 있다. 이와 같은 업무일지가 전사 모든 부서에서 기록, 유지토록 요구되는 것이라면 특히 생산[제조]부서에 특화된 것은 작업일지[생산일지]라 하겠으며 이것의 작성 양식 예를 들면 다음과 같다.

생 산 일 지

작성	검토	승인
/	/	/

부서명 :   작업일자 :

No.	작업시간		제품코드	품명	규격	생산량		공정명	작업자명	불량	
	시작시각	종료시각				계획	실적			발생현황	조치내역
1											
2											
3											
4											
5											
6											
7											
8											
9											
10											
11											
12											

작업자 근태현황

생산량 과부족 원인과 대책

비고 :

　기업에서 각자 자사의 여건에 맞게 이들 양식을 적절히 변형하여 사용하되, 중요한 점은 그날그날의 중요한 작업정보가 누락 없이 충분하게 기록되어야 한다는 것이다. 앞의 BOM과 마찬가지로, 요즈음은 수작업으로 문서를 기록 관리하는 것보다는 IT프로그램에 의해 실시간으로 자동적인 기록·관리가 되어 가는 추세이다.

작 업 일 지

결재	담 당	부서장	임 원

201X년   월   일   요일 (차)

생산의뢰NO.	201X-		발 주 처	

<table>
<tr><td rowspan="4">원
·
부
자
재</td><td>구 분</td><td>규 격</td><td>색 상</td><td colspan="2">롯트번호</td><td>사용전</td><td>사용량</td><td>사용후</td></tr>
<tr><td></td><td></td><td></td><td colspan="2"></td><td></td><td></td><td></td></tr>
<tr><td colspan="2">사용량 :</td><td colspan="2">Kg (재생: Kg)</td><td colspan="2">접착수지</td><td>사용량 :</td><td>Kg</td></tr>
<tr><td colspan="2">상·하</td><td colspan="2">: M</td><td colspan="2">기 타</td><td>:</td><td>M</td></tr>
</table>

<table>
<tr><td rowspan="3">총 생 산</td><td rowspan="3">합격품
(정품)</td><td rowspan="3">불합격품
(C품)</td><td colspan="8">L O S S 분</td></tr>
<tr><td colspan="2">소재불량</td><td colspan="3">작업 LOSS</td><td colspan="2">작업불량</td></tr>
<tr><td>상판</td><td>하판</td><td>시작</td><td>코일스크랩</td><td>종료</td><td>검사</td><td>샘플</td><td>M2</td><td>내용</td></tr>
<tr><td>m²</td><td></td><td></td><td></td><td></td><td></td><td></td><td></td><td></td><td></td><td></td></tr>
<tr><td>100(%)</td><td></td><td></td><td></td><td></td><td></td><td></td><td></td><td></td><td></td><td></td></tr>
</table>

평활도 검사(mm)		재고 :	
1회			

규 격 별 생 산 내 역 (정 품)

NO	규 격	수량(장)	M2	NO	규 격	수량(장)	M2	비 고
1				6				
2				7				
3				8				
4				9				
5				10				
계				계				

작 업 상 황 기 록

<table>
<tr><td rowspan="2">설비
가동</td><td>가동시간</td><td>실작업시간</td><td>공회전 또는
정대시간</td><td>사 유</td><td rowspan="2">인원
가동</td><td>작업
인원</td><td>정 시</td><td>잔 업</td></tr>
<tr><td>:
hr</td><td>hr</td><td>hr</td><td></td><td>명</td><td>명</td><td>명</td></tr>
</table>

<table>
<tr><td>구분</td><td colspan="2">온 도 (℃)</td><td colspan="2">속 도</td><td>구분</td><td colspan="2">온 도 (℃)</td><td colspan="2">속 도</td></tr>
<tr><td rowspan="4">압
출
부</td><td colspan="2">MAIN :</td><td>SCREW :</td><td>rpm</td><td rowspan="4">접
착
부</td><td colspan="2">P/R상 :</td><td>L/S :</td><td>m/분</td></tr>
<tr><td colspan="2">T-DIE :</td><td>MOTER :</td><td>rpm</td><td colspan="2">P/R하 :</td><td>L/S :</td><td>m/분</td></tr>
<tr><td colspan="2">SUB :</td><td>L/S :</td><td>M/분</td><td colspan="2"></td><td></td><td></td></tr>
<tr><td colspan="2">실내 :</td><td>D/C :</td><td>AMP</td><td colspan="2"></td><td></td><td></td></tr>
</table>

두 께 (m/m)			접착력	상 :		하 :	

(주) OOO

A4(210×297mm)

2. 납품/출하 관리

1) 정확한 배송명세서의 유지

고객/시장이 요구하는 물품을 납기에 맞춰 배송처로 정확히 보냄으로써 고객 주문에 대한 대응이 최종적으로 종료되는데 이를 차질 없이 수행하기 위해선 무엇보다 배송명세서가 정확히 작성되어야 한다. 상당히 많은 기업들이 이 부분에서 한두 번 이상의 오류(배달사고)가 발생한 경험을 안고 있는데, 관건은 출하검사를 통과한 완벽한 제품을 주문고객[시장]에게 지정 납기일 이전까지 올바르게 배송토록 해야 하는 것이다. 따라서 배송명세서에는 배송물품명, 규격, 수량, 고객명, 배송처, 납기요구일, 실제 배송일, 배송수단(자체, 위탁업체 배송, 택배, 기타), 배송인 성명, (인수자 성명/확인) 등이 정확하게 기록되어야 하고 다음의 인수증을 구비하여 함께 배송될 것이 요구된다.

2) 배송처별 인수증 징구

자체, 위탁업체, 일반 택배 등 배송 수단이 어떠하든지 배송명세서에 적힌 배송처로 대상 물품의 배송이 무사히 완료됐으면 물품 인계자는 상대방 인수자로부터 물품인수증을 받아 놓아야 한다. 기업에 따라서는 배송명세서 내지 인수증(물품명, 인수일, 인수자 성명 및 확인 sign 표시) 대신에 거래명세표를 이용하는 경우가 있는데, 그럴 때에도 거래명세표상에다가 "이상(以上)의 물품을 정(正)

히 수령함"이라는 문구를 인수자가 직접 자필로 써넣고 서명하도록 하는 게 좋다. 이렇게 해야 만약의 경우 배송이 잘못되었다는 고객의 클레임 제기에 대처할 수 있기 때문이다.

3) 배송 수단의 선택과 관리

앞에서 언급된 바와 같이 배송수단으로는 다음의 것들이 있다.

○ 자체: 자사 담당 직원이 개별로 직접 전달(소량의 경우)하거나 자사 운송차량을 이용(대량의 경우)

○ 위탁업체: 외부의 배송전문업체와 계약을 체결 후에 물품배송을 위탁

○ 일반 택배: 시중의 일반적인 택배사를 이용하여 배송을 의뢰

연간 배송물품의 수량과 배송시점 및 소요시간, 배송비용 등을 종합적으로 검토하여 최적의 배송수단을 결정(택 1 또는 혼용 방법도 가능)하는 것이 바람직하며, 일정 기간(예: 1년) 동안의 결과를 검토하여 정기적으로 갱신해 나갈 필요가 있다.

3. 생산 관련 필수문서와 지표 관리

1) 생산활동에 필요한 기본문서 비치

본격적인 생산[제조]을 위해 사전에 구비되어야 할 문서로는 제조 공정도, 작업표준서[작업지도서] 내지 장비점검표 등을 들 수 있다. 기업을 방문하여 생산라인 투어를 하다 보면 작업장소별로 또는 작업기계·설비에 게시되거나 부착된 이와 같은 문서들을 쉽게 발견할 수 있고, 이에 더하여 품질분임조 활동이라든가 작업 안전에 관련된 표어/문구들이 벽면 등에 부착되어 있는 것도 볼 수 있다. 기업들이 초창기에는 이러한 것을 외형적으로 별로 중요시하지 않다가 품질경영시스템(ISO9001, 14001 등) 인증 내지 LG, 삼성, 현대차 등 대기업의 협력사로 등록을 추진하는 과정에서 이러한 문서들을 정비하여 생산현장에도 비치해 놓게 되었다.

2) 제반 지표 관리

① 실제 기업에 적용한 사례 인용-지표명과 해당 산출식 예

○ 납기 준수율: 요청납기일 내 배송완료 건수 ÷ 배송계획 건수 × 100(%)

○ 불량률 감소: (전기 불량률 - 당기 불량률) ÷ 전기 불량률 × 100(%)

cf. 불량 = 공정불량 + 필드불량: 불량률 = 불량품 수/(양품 + 불량

품 수) × 100(%)

○ 생산 부문 인건비 효율: (생산물량 × 단위당 인건비) ÷ 생산 부문 인건비 × 100(%)

○ 개발 아이템 생산율: 개발 아이템의 실제 생산건수 ÷ 동 아이템의 생산요청건수 × 100(%)

○ 제안 건수: 담당업무 생산성 향상 차원에서 소정 기간 내에 제안된 건수

② 일반적으로 사용되고 있는 지표의 추가 예시

○ 생산량 달성률: 당기 생산실적(수량 또는 금액) ÷ 당기 생산계획 × 100(%)

○ 설비종합효율 향상: (당기 종합효율 - 전기 종합효율) ÷ 전기 종합효율 × 100(%)

cf. 설비종합효율 = 시간가동률 × 성능가동률 × 양품률

○ 생산라인 중단시간 단축률: (당기 MTBF - 전기 MTBF) ÷ 전기 MTBF × 100(%)

cf. MTBF = Mean Time Between Failure: 평균정지시간 간격

○ 인당 생산량 증가: (당기 1인당 생산량 - 전기 1인당 생산량) ÷ 전기 1인당 생산량 × 100%

cf. 1인당 생산량 = 기간 내 양품생산량/기간 내 평균작업자 수

○ 정기PM준수율: 정기PM 이행건수[횟수] ÷ 정기PM 계획건수[횟수] × 100(%)

4. 작업장 관리

1) 3정5S

제품을 생산하는 작업현장(사무실 포함)은 흐트러짐이 없이 정리가 잘되어 있고 청결한 상태가 요구되는 바, 이를 위해 3정5S라는 관리수단이 활용되고 있다.

① '3정'이란?

'눈으로 보는 관리'를 위한 수단으로 대상물품이 어디에(정해진 위치), 어떻게(정해진 용기), 얼마만큼(정량) 있는지를 누구라도 쉽게 보고 알 수 있도록 하는 것이다.

② '5S'란?

정리, 정돈, 청소, 청결 및 이들의 생활화로 구성되는데 이를 부연 설명하면 다음과 같다.

○ 정리: 필요한 것과 불필요한 것을 구분하고 불필요한 것들을 처분함. 대상 항목별로는 원부자재와 제품 등의 재고 정리, 유형자산 정리, 부적합품 내지 재공품의 관리 상태, 기타 전선·배관 등의 유틸리티 상태를 들 수 있음.

○ 정돈: 원하는 물품을 쉽게 찾을 수 있도록 배치하는 것으로 대상 항목을 예시하면 구획선(노란 선) 표시, 물품의 LOT 식별표시와 관리, 문서/파일의 보관·관리 상태 등임.

○ 청소: 해당 장소와 주변을 깨끗이 함. 그 대상으로는 건물의 바닥 및 통로, 기계장치·공기구, 비품, 기타 설비, 부대시설(화장실, 휴게실, 탈의실, 탕비실 등)들이 있으며 부서/개인별로 청소구역을 할당함이 효율적임.

○ 청결: 정리, 정돈, 청소 상태를 유지하고 관리함. 근무자의 근무복과 안전모·안전화의 청결과 함께 사업장 내 공기 오염을 방지하기 위한 환기도 요구됨.

○ 생활화: 정해진 일을 올바르게 몸에 익히는 습관으로, 3정5S의 숙지뿐 아니라 업무표준의 관리 및 더 나아가 근무자의 근태현황 등도 포함해서 생활화를 유도함이 바람직함.

이들 3정5S를 제대로 운용하기 위해서는 각 대상 항목의 상태를 정기 및 수시로 파악하여 개선해 나가도록, 사업장(생산작업장과 일반 사무실 구분) 여건에 적합한 소정의 check list를 준비 후 각 사업장마다 적용해 나갈 필요가 있다.

2) 금형보관대 설치

제조기업 상당수가 제품 생산을 위해 금형을 제품모델별로 갖춰 이용하는 경우가 많으며 제품 종류가 다양할수록 금형 가짓수 또한 많아지게 되어 이들을 한군데서 보관 및 관리할 필요가 제기된다. 어떤 기업들은 이를 소홀히 하여 금형이 파손되거나 분실되어 다시 제작하는 경우를 보았는데, 이를 방지하기 위해서도 일정한 장소에

금형보관대를 마련해 두고 금형이 입출고 될 때마다 그 현황을 자세히 기록하여 관리해야 한다.

3) 레이아웃 재배치와 라인 밸런싱

기업이 사세 확장 등으로 사업장을 신축·이전하거나 기존 생산라인을 신·증설할 경우에는 작업장 레이아웃 재배치가 불가피해진다. 이럴 때는 라인별로 기계/설비 및 작업인원이 재배치됨에 따라 생산라인의 밸런싱(line balancing)도 함께 시행되어야 함이 중요하다. 회사 규모가 어느 정도 커서 내부 공정엔지니어에 의해 자체적으로 밸런싱이 된다면 모르겠지만 그러한 여건이 안 될 때는 필히 외부전문기관[전문가]의 자문을 받아서라도 라인 밸런싱이 잘되도록 해야 하겠다.

5. 유형자산 관리 및 실사 방법

1) 유형자산의 의미와 종류

유형자산이란 재화의 생산, 용역의 제공, 타인에 대한 임대 또는 자체적으로 사용할 목적으로 보유하는 물리적 형체가 있는 자산으로서 1년을 초과하여 사용할 것이 예상되는 자산을 말하는데 구체적으로는 토지, 건물·구축물, 기계장치, 선박·차량운반구, 건설 중인 자산 등을 일컫는다. 토지와 건설 중인 자산 등 비(非)상각자산을 제외한 대부분의 유형자산은 사용 또는 시간의 경과에 따른 가치감소분에 대하여 '감가상각'이란 방법으로 비용化되며 취득원가에서 감가상각누계액과 감액손실누계액이 차감된 순액으로 표시되어진다.

※ 유형자산의 대부분이 제조사업장에 위치한 관계로 본 유형자산 관리를 '생산 기능'의 하나로 분류하여 서술하고 '총무 기능'에서는 해당 설명을 생략함.

① 토지(Land)

사업을 위하여 소유하고 있는 토지를 말하며 대지, 임야, 전답, 잡종지 등이 해당된다. 따라서 전매를 목적으로 소유하고 있는 토지나 비업무용 토지는 재고자산이나 투자자산으로 표시한다. 토지의 취득원가에는 구입 가액과 취득세, 등기 및 명의 이전비, 토지의 정지비용, 조경비용 등 토지를 사용 가능한 상태로 만들기까지 지출되는 모든 비용이 포함된다.

② 건물 · 구축물(Buildings and structures)

기업이 영업 목적으로 토지에 건설한 건축물에다 그것의 영속적 부속설비(냉난방, 전기, 통신 및 기타의 건물부속설비)가 포함된다. 구축물은 토지에 부착된 토목설비 또는 공작물로서 교량, 안벽, 부교, 궤도, 저수지, 갱도, 굴뚝, 정원설비 등이 포함된다.

③ 기계장치(Machinery and equipment)

기계장치는 일반 기계와 컨베이어, 호이스트, 기중기 등의 운송설비 및 기타의 부속설비 등을 말하는데 취득원가에는 운송장 가격에 운임, 운송보험료, 취득세, 설치비용, 시운전 비용 등의 부대비용이 포함된다.

④ 선박·차량운반구(Ships, vehicles and transportation equipment)

선박·차량운반구는 기업소유의 선박 및 기타의 수상 운반구와 철도차량, 자동차 및 기타의 육상 운반구를 말한다.

⑤ 기타 유형자산 (Other depreciable assets)

이상에서 열거한 항목 이외의 유형자산으로서 '공구와 기구', '비품', '금형', 'JIG' 등이 포함된다.

⑥ 건설 중인 자산 (Construction in progress)

건설 중인 자산은 유형자산의 건설을 위해 재료비, 노무비 및 경비 등이 지출되었으나 건설이 완료되지 아니한 경우에 한시적으로 처리하기 위한 계정으로 건설이 완료되어 영업에 사용하게 된 때에는 해당 유형자산 계정으로 대체 처리한다. 또한 건설자금으로 사용된 차입금에서 발생한 순금융비용은 건설 중인 자산에 포함된다.

2) 유형자산 관리에 필요한 자료

① 정확한 유형자산관리대장/리스트의 정비

다음과 같은 양식을 참조하여 유형자산 종류(계정과목)별로 아이템 품명, 규격, 수량, 취득일자, 내용 연수, 설치 위치, 담당부서, 담당자 등을 정확히 기록하고 기간 중의 변동내역(추가 취득, 이동, 매각, 폐기 등)을 최신 상태로 반영·유지해 둔다.

a. 유형자산관리대장(개별)

모든 유형자산에 대하여 각 아이템당 개별 작성이 원칙이지만 필요시 그룹별로 묶거나 일정 소액分은 제외 가능하다.

유형자산 관리대장

일련번호 :   년 월 일

자산관리부서		사용부서		사 업 별 (사 업)		계정과목		자산관리번호	
품 명		제작사 명				원 시 취 득 가 격			
규격 (Spec.)		제작년월일				내 용 년 수 (상각률)			
성능/ 용도		취득년월일				잔존가 (잔존률)			
점검(PM)주기		설치 장소				사용 담당자			

년월일	증빙번호	적 요	증 가		감 소		현 재		감가상각 대상액	감 가 상 각 액		실 제 자산액	상태 등 비 고
			수 량	가 액	수량	가 액	수량	가 액		당기분	누 계		

b. 유형자산 총괄리스트

모든 유형자산의 현황을 한눈에 파악하기 위하여 전사적으로 총괄 작성되어야 할 리스트로 역시 변동내역을 최신으로 반영하여 유지할 것이 요망된다.

※ 변동내역: 자산의 수량 또는 금액이 증가하거나 감소, 단순한 위치 이동(사업장 내/외), 멸실(매각, 폐기) 등

유형자산 총괄리스트

유형자산 총괄 리스트

No.	계정과목 분류	과목내 일련번호	품명	규격	수량	원시취득일자	내용년수	설치위치	현재 사용부서	담당자	변동내역		현 상태	비고
											일자	금액		

② 유형자산 감가상각비 계산

토지나 건설 중 자산을 제외한 모든 유형자산에 대해서는 매년 감가상각비를 계상하고 누계액은 감가상각충당금으로 또한 계상하여야 한다. 그러나 필자의 경험으론 아직도 일부 소기업에선 감가상각비를 제때 정확히 결산에 반영하지 않고 있는 실정이다. 유형자산에 대한 감가상각비 계산은 정액법, 정률법, 생산량비례법 등에 의하는데 많은 기업에서는 다음 장의 예와 같이 법령에서 언급되어 있는 내용 년수에 의한 정액법 또는 정률법을 적용하고 있다.

자산명	취득일	기초가액	당기증감	기말잔액	기말상각누계	상각대상금액	년수	상각률	월수	당기상각비	특별상각비	기말상각누계	미상각잔액
분무기금형	2005-09-21	39,800,000		39,800,000	31,833,000	39,800,000	5	0.2	12	7,960,000		39,799,000	1,000
진공용기	2006-12-18	2,700,000		2,700,000	2,159,000	2,700,000	5	0.2	12	540,000		2,699,000	1,000
MAIN FRAME	2006-12-20	3,800,000		3,800,000	3,039,000	3,800,000	5	0.2	12	760,000		3,799,000	1,000
종날식냉각기	2006-12-22	2,700,000		2,700,000	2,159,000	2,700,000	5	0.2	12	540,000		2,699,000	1,000
우레탄폼담기	2008-07-01	17,000,000		17,000,000	7,200,000	17,000,000	5	0.2	12	3,400,000		10,600,000	6,400,000
분말금형	2008-09-03	15,721,040		15,721,040	8,288,416	15,721,040	5	0.2	12	3,144,208		11,432,624	4,288,416
조립부품	2010-11-09	8,700,000		8,700,000	3,770,000	8,700,000	5	0.2	12	1,740,000		5,510,000	3,190,000
FIXTURE JIG	2010-11-16	2,787,000		2,787,000	1,207,700	2,787,000	5	0.2	12	557,400		1,765,100	1,021,900
권선기	2010-11-18	2,600,000		2,600,000	1,126,666	2,600,000	5	0.2	12	520,000		1,646,666	953,334
원자술자회로부수설비	2010-12-30	387,000,000		387,000,000	156,250,000	387,000,000	5	0.2	12	77,400,000		233,650,000	153,350,000
SCREEN PRINTER	2011-01-06	62,000,000		62,000,000	24,800,000	62,000,000	5	0.2	12	12,400,000		37,200,000	24,800,000
BF-COMET	2011-01-06	55,400,000		55,400,000	22,160,000	55,400,000	5	0.2	12	11,080,000		33,240,000	22,160,000
MICRO PROFILER	2011-01-13	2,400,000		2,400,000	960,000	2,400,000	5	0.2	12	480,000		1,440,000	960,000
AUTO SOLDER	2012-02-20	62,500,000		62,500,000	11,458,333	62,500,000	5	0.2	12	12,500,000		23,958,333	38,541,667
자동로팅기	2012-09-08	36,000,000		36,000,000	6,000,000	36,000,000	5	0.2	12	7,200,000		13,200,000	22,800,000
광온항습기	2012-09-04	13,300,000		13,300,000	2,216,666	13,300,000	5	0.2	12	2,660,000		4,876,666	8,423,334
기계제작	2012-07-16	34,000,000		34,000,000	3,400,000	34,000,000	5	0.2	12	6,800,000		10,200,000	23,800,000
DIGITAL OSCILLOSCOPE	2013-04-01	16,000,000		16,000,000		16,000,000	5	0.2	9	2,400,000		2,400,000	13,600,000
BOARD CAB	2013-05-02	2,840,000		2,840,000		2,840,000	5	0.2	8	378,666		378,666	2,461,334
KWI/SOPIC 펜타시스템	2013-05-09	83,000,000		83,000,000		83,000,000	5	0.2	8	11,066,666		11,066,666	71,933,334
PCB ROUTER SYSTEM	2013-06-30	34,160,000		34,160,000		34,160,000	5	0.2	7	3,985,333		3,985,333	30,174,667
BF-COMET15 계측장비	2013-11-06	18,000,000		18,000,000		18,000,000	5	0.2	2	600,000		600,000	17,400,000
IMT-205LF	2013-11-06	16,140,000		16,140,000		16,140,000	5	0.2	2	538,000		538,000	15,602,000
ESL-400SL계측장비	2013-11-07	34,470,000		34,470,000		34,470,000	5	0.2	2	1,149,000		1,149,000	33,321,000

<2019.03.20개정,법인세법시행규칙상 **기준 내용년수**- 각각 상/하한 범위 有>
·건물: 40년, 20년   ·선박 및 항공기: 12년,   ·차량운반구,공구기구,비품: 5년,   기타, 업종별 자산: 4년 ~20년(9개군-업종별 대/중분류)

3) 유형자산의 실사(實査) 방법

유형자산도 재고자산과 마찬가지로 일정 기간마다 실사 행위를 통하여 실물자산의 운용 실태를 파악하는 한편, 장부에 반영되어 있는 내용과의 대조를 통하여 괴리 부분이 있다면 원인 파악에 의해 정확한 현황을 유지해야 한다. 재고자산처럼 매월 하기에는 부담스러우면 적어도 반기 말(6/30, 12/31)에는 꼭 할 수 있기를 권장하는 바이다.

① 실사 절차와 방법

유형자산의 실사 절차와 방법, 양식 등은 앞에서 다룬 바 있는 재고자산의 해당 내용을 준용하면 된다. (실사 Flow와 단계별 준비사항 참조: pp.82~83) 다만, 다음의 유의사항을 좀 더 신경 써서 행할 것이 요구된다.

② 유의사항

○ 동일한 물품임에도 불구하고 부서 간에 유형자산(특히, 기계장치/공기구 등)의 품명을 각각 다르게 인식·표기하고 있는 경우가 상당히 많으므로 각 관련부서 직원들 간에 정확한 명칭 통일을 기하는 것이 우선 필요함. 신규 자산은 최초 취득 시부터 그래야 하고 기존 아이템들도 실사에 앞서 세금계산서/거래명세표/수입면장 등에 언급되어 있는 품명과 수량, 규격 등을 확인하여 대상 리스트의 정비부터 시작해야 함(실물 유무 포함).

○ 유형자산 실사 시엔 단순히 대상 자산의 외관만 볼 게 아니라 기능/작동 여부까지 필히 확인해야 하고, 나아가 주요설비의 경우엔 소정기간 내 가동시간까지 파악하는 것이 바람직함.

○ 회사 내에 있지만 당사 소유 아닌 자산(리스 등) 또는 반대로 당사 소유인데 외부로 반출된 금형 및 노트북 등 이동이 용이한 회사 자산 등도 필히 대상 리스트에 포함하여 전사 현황이 누락없이 파악될 수 있도록 함.

○ 기계장치에 딸린 JIG나 spare parts, 소모성 공기구(보통 내용연수 1년 미만) 등은 대개 자산으로 분류하고 있진 않으나 회사에서

필요에 따라 이들을 자산으로 처리했다면 리스트 대상에 포함시키든지 또는 실사 전에 비용 처리 내지 재고자산으로 <u>재분류</u>할 것을 권함.

③ 실사 Flow

다음 페이지(p. 113)

④ 실사 단계별 준비사항/부서

다음 페이지(p. 113)

4) 유형자산의 관리 포인트

① 유형자산 투자 전, 철저한 타당성 검토

유형자산은 재고자산과 달리 한 번 투자되면 고정비化하여 자금이 묶여 버리는 특징이 있기 때문에, 필요해서 투자하더라도 일정 규모 이상은 반드시 사전에 기술성 및 경제성 검토 결과를 종합하여 결정하는 것이 절대 요구된다.

　○ 기술성 검토: 적정한 성능을 내는 spec. 인가(미달도 문제지만 필요 성능을 과다하게 초과하는 것도 문제), 장비 설치/운전이 용이한가, 타 장비와의 호환이 가능한가, 장비 이상 시 즉시 A/S가 가능한가

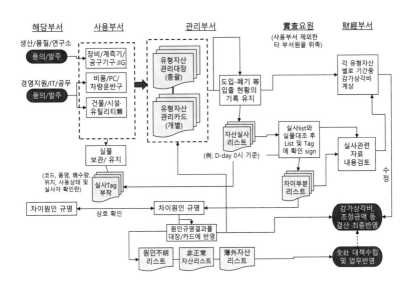

항목	준비 작업/자료명	주관부서명	비고
① 사전준비단계			
· 유형자산 실사계획 수립	– 전체일정확정, 실사요원(長) 위촉, 관련자 교육	財經	· D-2일까지 완료
· 실사대상 유형자산List 출력	– 장비,공구기구,계측기,비품,차량,··	관리부서	· D-day, 0시 기준-例
· 자산실물 정돈 및 tag부착	– 자산 item별 tag	〃	〃
② 진행단계			
· 유형자산 실사 진행 → item별로 기록수량 vs 실물확인, 사용상태 파악	– 자산 실사list, 자산 Tag	실사요원	· 외부 제3자 입회 可 (CPA 등)
· 실사 마감	– 실물대비 차이부분 list-up	실사요원 長	· 취합후 관리 및 재경 부서에 통보
③ 사후관리단계			
· 차이부분 규명작업	– 차이부분 리스트 (장비/공구기구/..)	생산/품질/연구소	· 수정된 자료는 재경부서에 재송부
	– 차이부분 리스트 (비품/차량/...)	경영지원/IT/공무	
· 정당한 차이부분에 대해 자산관리대장/카드 정정	– 원인규명내역서 확보 (관련부서장 확인 必)	관리부서	
· 원인불명에 대해 list-up	– 左同 자료	〃	재경부서에 통보하여 전사적인 대책수립후
· 非정상 유형자산에 대해 list-up	– 비정상유형자산에 대한 기준 선결	〃	
· 부외자산에 대해 list-up	– 左同 자료	〃	
· 자산관리상 문제점으로 나타난 부분에 대해 정리	– 보고서 (현상/문제점 및 향후 개선방향 等)	실사요원 長	· 사장 결재

○ 경제성 검토: 해당 유형자산이 투자(cash-out)되면 얼마만큼의 경제적 효과(cash-in)가 예상되는가, 투자금을 얼마나 빨리 회수할 수 있는가(→ 아래와 같은 소정의 양식으로 검토하는 게 좋음)

<CASH FLOW>	원년	+1년차	+2년차	‥‥	구성항목
IN		*cf.(세후순영업이익 + 감가상각비)*			· 당기순이익 · 감가상각비 · 지급이자 x (1-법인세율) · 기타
OUT	초기 투자 금액	(추가 투자 금액)			· 시설투자 · 운전자금(증분) · 기타
差					**각 연도별 NCF (순현금흐름)**

後 시설투자가 완료되면 얼마만큼 돈(당기순이익)을 벌 수 있나

先 시설투자를 한다면 금액이 얼마나 필요한가(초기 + 추가?)

本 표에서 구해진 각 연도별 순현금흐름의 값과, 이를 적정할인률로 할인한 순현금흐름할인(Net Discounted Cash Flow)값 等을 이용하여 여러 분석기법으로써 경제성을 검토함.

② 건물 신축 경우, 치밀한 공사계약체결과 공사 진행

[사례 17]

경기도 부천 소재 Q 사가 새로운 곳으로 확장 이전할 당시의 일이었다. 사업장 부지를 마련하고 공장 건물 2동을 신축하는 계약을 소규모 건설업체와 20억 원에 체결하여 진행시켰다는데, 준공 예정일이 한 달이 채 안 남았는데도 건물 뼈대 정도만 완성된 채 업체가 공사비를 다 썼다면서 추가로 요구하였다고 한다. 결과적으로 그 회사는 공사비가 추가로 10억 원 가까이 더 들어가고 준공 또한 예정일보다 많이 늦는 바람에 이전 계획에 큰 차질이 빚어졌다. 따라서 이전 시점 전후로 상당기간 동안 생산이 원활치 않음은 물론 추가

차입금과 이자가 증가하였고, 신축공장 1동에 대한 임대료 수입 기대까지 모두 다 어긋나 버려 손실이 더욱 커져서 오랫동안 회사 경영이 매우 곤란하였다고 한다.

○ 위 사례가 주는 문제점과 교훈

- 무엇보다 대규모 투자에 대한 사전 타당성 검토가 미비(산술적인 자료 없이 경영자의 感에만 의존)

- 20억 원의 최초 공사계약서가 총괄적 표현으로 간단히 2장으로만 되어 있고 구체적인 내역이 누락 (필자가 직접 이를 확인함)

- 20억 원의 공사비 집행을 전적으로 건설업체에 일임 (통장과 도장까지 모두 건네줌)

- 회사의 공사 진행 감독 또한 불충분(담당자 미지정 등)

- 신축건물로 이전 후의 운영 준비도 미흡하여 여러 가지 돌발 상황에 대한 예측과 대처가 부실(→ *Scenario plan* 내지 *Contingency plan* 등의 운영계획이 필요)

③ 유형자산 관리에 대한 가이드라인 설정

유형자산은 대개 투자금액이 많음에도 그에 비해 전사적으로 관리에 주의를 기울이는 정도는 다른 자산보다도 많이 부족한 게 현실이다. 따라서 실제 사용하는 부서 중심으로 책임감을 부여하고 전사적으로도 총괄 부서를 지정하여 전체적인 관리를 유도하는 것이 바람직하다. 이를 위해 '유형자산관리규정' 등을 제정하여 운용하는 것이 좋은데 다음은 이들 규정에 필히 언급되어야 할 내용이다.

o주요 언급 조항
  - 자산 관련부서별 책임과 권한 : 자산 구매부서, 자산 사용부서, 자산 총괄부서
                (모든 자산은 이를 실제로 사용하는 부서/원에게 **기본적인 책임**이 있음을 명시)
  - 자산의 생성과 소멸 : 자산의 취득, 이관, 분할, 반납, 사내이동, 사외반출, 매각, 폐기, 임대차,
                이들 실물에 수반되는 문서의 작성과 보관
  - 재물조사(실사) : 주관부서, 실사시 관련부서 협조 의무, 관련 양식
  - 자산 이력관리(개별카드) 및 자산관리번호 부여
  - 자산의 수리 및 배치, 자산의 정기적인 점검(PM; 검사/교정 等)
  - 자산 종합관리대장 운용

6. 불량률 집계 및 품질 관리

생산 진행단계별로 소정의 검사 Pass 기준에 미달하는 것을 불량
[품]이라 하고 불량의 발생 정도를 불량률이라고 하는데, 어느 기업
이나 이를 집계하고 분석하여 향후에 불량[품]이 최소화될 수 있도
록 평소의 품질관리를 충실히 해야 함이 일반적이다.

1) 4대 불량률의 측정과 기록

아래와 같이 4단계에 걸쳐, 정해진 소정의 방법으로 불량률을 측
정하고 이를 기록해 두어야 한다.

① 수입검사 불량률

불량 발생의 첫 번째 단계는 생산용 원·부자재가 구매 거래선으
로부터 입고되는 시점이다. 각 구매선들도 나름대로 자체적인 품질

관리를 해서 원·부자재를 출고하겠지만 혹시 의도치 않게 결함 있는 것을 내보냈다면 이를 사용할 인수기업에서라도 수입검사를 통해 공정 투입 전에 걸러 낼 필요가 있는 것이다. 만약 그렇지 않게 되면 이러한 불량 원·부자재로 인해 불량품이 제조되어 이에 투입된 원가(재료비 + 인건비 + 제반 경비 등) 및 시간이 버려질 뿐 아니라, 이로 인한 생산·납품 지연도 초래된다. (실제로 보통의 기업에서 수입검사를 소홀히 하여 불량품이 발생하는 사례는 드물지 않은 현상이다.)

원·부자재를 공급하는 거래선의 품질관리 활동이 우수하여 자체적으로 수입검사 성적서를 함께 제공하는 곳도 있겠으나 성적서 유무와는 별개로 수입검사 실시를 정례화하는 것이 바람직하다. 즉, 종래의 수량 확인 위주의 검수활동에 그치지 말고 검사(檢査)까지 이뤄져야 하는 것이다.

② 공정검사 불량률

수입검사를 문제없이 통과한 원·부자재가 제조공정에 투입된 이후 발생하는 불량으로 대개는 작업방법을 제대로 준수하지 않았다든지 또는 기계장치·공기구를 잘못 조작한 경우가 대부분이다. 이것들은 작업자의 실수(human error)로 발생하는 경우이지만 드물게는 기계장치·공기구의 자체 결함(spec.자체가 미달이거나 또는 작동범위가 잘 맞지 않는 등) 때문에 발생하기도 한다.

품질전담 부서가 없거나 또는 있어도 품질요원이 부족한 중소기업에서는 생산부서가 자주(自主)검사 형태로 공정검사를 진행하는 경우가 많은데 이 경우에도 수입검사와 마찬가지로 작업자가 직접 소정의 검사지에 측정값을 반드시 기록해 두어야 한다. 필자가 접해 본 기업들 중 상당수는 공정검사의 불량률을 제대로 측정하지 못하고 있었다.

③ 출하검사 불량률

생산공정을 끝까지 마친 제품이 출하 전의 최종 테스트를 통해 양품으로 합격 여부가 판가름 나는 시점에서의 불량률로, 거의 모든 기업이 4대 불량률 중 유일하게 각자 측정하고 있는 것이기도 하다. 각 공정마다 불량 여부가 파악되고 발견된 불량이 제때 즉각적인 조치가 이루어져서 다음 공정으로 넘어가는 제조활동이라면 최종적인 출하검사의 불량률은 낮아지겠지만 현실은 대개 그렇지 못하다.

④ 출하 이후의 불량률

양품으로 판정받은 제품이 고객·시장에 출하되고 난 이후, 제품에 결함(불량)이 발견되어 해당 제조기업에 클레임이 제기되는 정도를 가리키는 것인데, 만약에 그 기업이 생산완료된 모든 제품을 100% 전수(全數) 검사하여 최종 합격제품만을 내보낸다면 출하 이후의 불량률은 발생하지 않을 것이다. 그러나 100% 전수 검사가 용이하지 않을뿐더러 이 역시 검사자의 실수가 발생할 수 있어서 이 불량률이 0%인 것도 쉽지 않다.

여기서 주의해야 할 점은, 제품구매자가 제품에 결함이 없음에도 품질 이외 다른 이유(단순 변심 등)로써 반품을 요청하는 경우 또는 경미한 품질사안에 대해서는 번거로움 때문에 클레임 제기 자체를 꺼리는 경우가 있는데, 불량률 측정 시 전자(前者)의 경우는 배제하고 후자(後者)의 경우는 산입해 줘야 하는 것이다.

2) 불량(유형별) 원인 분석과 대책/조치

불량 발견 시점	불량의 대표적 원인	주요 대책/조치
수입검사	- 원·부자재 품질이 미흡	- 양품대체 및 구매거래선의 성적검사서 징구
		- 품질개선이 안 될 시 발주 취소 또는 거래선 변경
공정검사 및 출하검사	- 작업자[검사자]의 업무 미숙 내지 실수	- 작업자[검사자]에 대한 OJT 강화
		- 불량cost/품질실명제로써 주의 촉구
	- 기계장치/공기구의 결함	- 검/교정 강화 및 정기PM 준수
	- 불량유형별 대처가 미흡	- 불량에 관한 DB를 구축하여 발생유형별로 대처방법을 표준화하여 공유
출하 이후 고객/시장		- 사실상 불량인데도 특채로 출하된 것이라면 특채기준을 상향 조정
		- 불량품에 대해 전량 교환/환불
		- 불량품을 철저히 분석하여 검사 단계별 재발 방지책을 강구

※ 고객관점이 아닌 자사 입장에서 특채로 납품한 것이 고객의 클레임 대상된 사례가 종종 있으므로 이것 또한 주의해야 함.

3) 품질관리 활동

① 대내적인 정비

품질관리 활동의 요체는 불량률 발생을 어떻게 낮추어 나갈 것인가에 관한 내용이다. 이를 위해서는 먼저 불량 발생에 대하여 심각성을 인식시키고, 불량률 저감 목표를 설정 후에 이를 달성하기 위한 제반 실행방안을 작업자들의 자발적 참여로써 이끌어 내고 추진하는 것이 중요하다.

○ 품질불량에 대한 인식제고 방안: 품질실명제 도입, 실패비용(failure cost)을 불량 발생 장소에 정기적으로 게시, 품질감사 실시

○ 불량률 저감 목표 설정: 발생단계별로 불량률을 정확히 측정하고서 전사적으로 개선목표를 부여[할당] *(싱글PPM인증등급 참조)*

○ 품질부서에 대한 위상 부여: 영리기업이라면 업종에 관계없이 품질전담부서[원]를 기업 내에 반드시 두어서 품질관련 업무를 총괄토록 해야 한다. 규모가 작은 기업은 별도의 독립조직을 두지 않고 생산부서 내 담당자로 하여금 겸임케 하는 경우도 있는데, 이럴 경우 생산부서 본연의 업무와 품질목표가 서로 충돌하여 갈등이 빚어지는 사례가 많으므로, 기업 규모가 어떻든 반드시 CEO 직속하에 품질전담부서[원]를 비치할 것을 권한다. 왜냐하면 품질은 기업의 존립에 절대적으로 영향을 끼치는 타협할 수 없는 최고 가치이기 때문이다.

② 대외적으로 품질관련 시스템/인증 보유

○ 국제표준화기구(ISO)의 인증제도

대표적으로 ISO9001(품질경영시스템에 관한 국제규격)이 있으며 이와 병행하여 ISO14001(환경경영체제) 내지 ISO/TS16949(→ IATF16949로 개정) 등을 들 수 있는데, 이러한 것들은 기업이 사업을 영위하는 데에 있어 필수적으로 갖춰야 할 시스템/인증으로 인식되고 있다. 그러나 기업들이 인증 획득 자체만 중시할 뿐, 그 획득을 통해서 기업이 시스템적으로 경영체제가 갖추어져야 한다는 본래의 목적을 망각하고 있음은 대단히 안타까운 현실이 아닐 수 없다. 즉, 이들 시스템/인증을 어느 기업이 보유하고 있다고 해서 그 기업이 경영시스템을 구축한 것은 아니라는 말이다. 필자가 최근에 우연히 어느 기업 CEO와 잠깐 대화를 나누는 도중에 ISO인증이 화제에 올랐는데, 그 기업이 최근에 품질 및 환경경영인증을 취득하였고 자신은 그 인증만 받으면 자연스럽게 회사 내에 경영시스템도 갖춰질 것으로 기대했지만 인증서 종이만 얻었을 뿐 결국은 아무것도 아니더라고 씁쓸하게 하던 말을 여기에 인용해 본다.

○ 한국의 싱글PPM 인증제도

자동차·전기·전자산업 분야의 중소기업 품질 수준을 향상시키기 위해 대한상공회의소를 주축으로 추진되던 것으로, 1995년부터 행해진 100PPM 품질혁신운동을 이어받아 2000년부터 진행되었는데 인증기업 제도는 2017년에 폐지된 상태이지만 폐지 전의 싱글PPM 등급을 소개하면 다음 페이지와 같다. 본 인증제도와 상관없이 각 기업에서는 불량률 저감 목표를 설정 시 본 등급별 수준을 참조하였으면 한다.

※ 본 인증제도 폐지 전까지 중소벤처기업부와 대한상공회의소는 싱글PPM 인증을 활성화하기 위해 인증 심사원을 다방면으로 위촉하여 희망기업들 대상으로 인증을 널리 진행해 왔으며, 필자 또한 싱글PPM인증심사원으로 위촉되어서 이에 관련된 활동을 전개한 바가 있다.

싱글PPM인증등급

등급	완벽품질	싱글PPM	100ppm	1,000ppm
불량률 수준 (출하, 납품)	0	10미만	100이하	1,000이하
등급호칭	완벽	최우수	우수	양호
등급	완벽품질+	싱글PPM+	100PPM+	1,000PPM+
불량률 수준 (출하, 납품)	0	10미만	100이하	1,000이하
불량률 수준 (공정)	1,000	3,000이하	5,000이하	10,000이하
등급호칭	완벽	최우수	우수	양호

어느 기업의 사업장을 가 보더라도 특히 생산부서 현장 내에 품질 관련 표어/포스터들이 많이 부착되어 있음을 볼 수 있는데 중요한 것은 품질개선이 이러한 전시효과만으로는 이루어지는 게 절대 아니란 얘기이다. 필자가 가 보았던 어느 기업처럼, 포스터나 구호는 품질 개선하자고 아우성치는데 자사의 현재 불량률이 정확히 파악되지도 않는 상태라면 그 얼마나 공허한 외침이겠는가. 말로만 해

선 안 되며 품질 수준을 정기적으로 측정, 기록하고 불량유형별로 원인 파악과 대책 수립 및 실시를 통해서 또한 임직원의 의식제고도 병행하여 품질 개선을 지속적으로 차근차근 이뤄 나가야 할 것이다.

Ⅵ 기획 기능

기획(企劃)은 영어단어로는 대개 planning이라고 표현되지만, 이 것은 일반적인 '계획'을 포함하여 '바라는 바를 종합적으로 새겨 나 간다[수립한다]'라는 의미를 갖는다고 할 수 있다. 이러한 기획 기능 을 세분함에 있어 획일적으로 정해진 것은 없으나, 필자가 직장 생 활을 통해 10년 이상 기획업무를 전담했던 경험에 비추어 보면 다 음과 같이 크게 '순수 기획'과 '심사' 분야로 양분된다. 여기에다가 전사 및 CEO 보좌 차원에서 별도의 전문화된 분야를 추가해 볼 수 있겠다. 특히, 대부분의 중소기업에서는 이들 기획업무를 전담하는 인력이 전무하여 그 중요성이 간과되고 있어서 본 내용을 더욱 잘 활용하기를 바라는 마음이 간절하다.

1. 기획

1) 기본적인 경영인프라(경영체계) 구도의 정비

기획업무의 핵심은 우선 기업의 경영 근간(根幹)을 시스템적으로 확실히 구축하는 일이다. 이를 경영인프라(Business Infra-structure)의 조성 내지 경영체계(Biz System)를 수립한다고 표현하는데, 이것은 기업의 이념(경영이념)을 제정하는 것에서부터 시작하여 비전/장래상을 세우고 구체적인 경영계획(Biz Plan)의 수립과 그 실천을 골자로 한다. 각 단계별로 그 의의와 적용기간을 살펴보면 다음과 같다.

기업은 일반적으로 아래 그림과 같이 기업이념 하에 비전/장래상을 설정하고 이를 구체화해가는 과정에서 전략, 중장기 경영구도 및 세부계획을 작성해 나가야 함. 이와 같은 기반 위에서 만들어지지 않은 경영계획과 목표는 충실도가 미흡하고 이에 대한 구성원간의 공유감이 약하며 그 실행력도 떨어질 수 밖에 없음. 또한 경영관리사이클(Plan-Do-Check-Action)의 순환을 통하여 실행을 극대화할 수 있도록 임직원의 노력이 요구되는 것임.

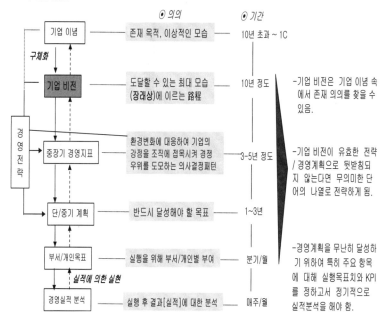

2) 비전/장래상

우리가 흔히 비전(Vision)과 장래상을 구분치 않고 사용하는 경향이 있는데 엄밀히 말하면 이들은 다음과 같이 그 의미가 다소 다르다. 그렇지만 편의상 구분치 않고 쓰기로 한다.

기업 비전이란 '기업이 <u>미래</u>에 마땅히 되어 있어야 할 모습'(장래상)과 미래의 그 모습에 이르기 위한 '<u>시나리오</u>'를 의미함.

이같은 두가지 면을 지니고 있는 기업 비전은 전 임직원에게 혁신의 방향을 명확히 제시함과 동시에 그 혁신의 노정(路程)에서 요구되는 행동의 기준을 제공함.

기업 비전의 개념

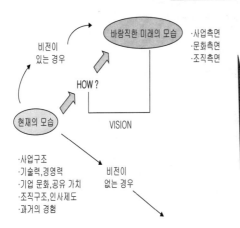

- 비전이 있는 경우
- 바람직한 미래의 모습
  - ·사업측면
  - ·문화측면
  - ·조직측면
- HOW ?
- 현재의 모습
- VISION
- ·사업구조
- ·기술력,경영력
- ·기업 문화,공유 가치
- ·조직구조,인사제도
- ·과거의 경험
- 비전이 없는 경우

- 비전이 확립되어야 환경변화에 표류하지 않고 지속 성장해 갈 수 있음 (비전은 '밤하늘의 북극성' 역할)
- 비전은 의사결정의 원천을 제시함
- 비전은 대내적으로 사기를 고취시킴
- 명확한 비전을 갖게 되면 인재 확보 측면에서도 유리함
- 비전확보는 이제 당연히 요구되는 추세임. (cf. 중기부 기업평가항목)

3) 환경 분석과 전략

(Strengh, Weakness, Opportunity, Threat)

전략 설정 등 제반 의사결정을 위한 중요자료로서 회사를 둘러싸고 있는 외부환경에 대한 분석 및 자사에 대한 현상분석이 선행되어야 하며, 이들로부터 *SWOT* 분석이 도출되어짐.

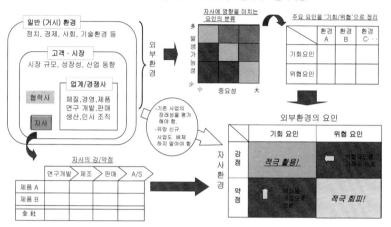

환경이란 기업경영에 영향을 미치는 내부와 외부 모든 요인의 집합으로서 이들 요인의 분석을 통해 기업 전체 전략 및 기능별 전략을 보다 명확히 수립할 수 있음.

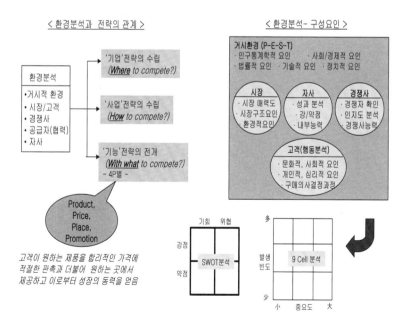

4) 단/중기 경영계획(Biz Plan)

① 경영계획, 사업계획, 사업계획서의 의미 차이

업무를 수행하다 보면 이러한 말들을 자주 사용하는데 과연 이들 용어의 의미 차이는 무엇일까. 다소 이견이 있을 수는 있겠으나 통상 다음과 같이 정리를 하면 무난하다고 사료된다.

a. 경영계획

경영계획(Biz Plan)은 기업 등의 조직체가 존속을 위하여 달성해야 할 목표를 설정하고 그것에 필요한 소요자원의 조달과 사용을 포함한 제반 활동을 예측하여 구체적인 수치로 표현해 놓은 것 또는 그 구체적 수치를 도출해 가는 일련의 과정을 나타내며, 이들 유사한 용어 중에서 가장 광의의 개념이다.

b. 사업계획

사업계획은 경영계획과 거의 같은 뜻으로 사용된다고 보이나 좀 더 표현상에 차이를 부여한다면 경영계획이 기업 등 조직체에서 전사(全社)를 커버하는 것임에 비해, 사업계획은 그중에서도 어느 사업 분야에만 국한할 때 지칭할 수 있다. 이런 관점으로 보면, 사업계획은 경영계획의 하나이며 경영계획은 반드시 사업계획과 일치한다고는 할 수 없다.

c. 사업계획서

사업계획서는 대개 특정의 사
업/아이템을 겨냥하여 신청/추진
하려는 사업의 내용, 시장상황,
기술적 검토, 마케팅 방안, 필요
자원의 수급관계, 자금 조달관계,
재무적 측면, 예상손익 등의 항목

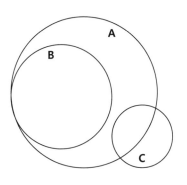

을 요구되는 소정의 양식에 기재하여 기관 등에 제출하는 서류를 가
리킨다. 주로 자금이나 연구개발과제 등의 지원사업 들에서 통용되
고 있는 의미로, 현재 영위하고 있지 않는 사업 분야라도 작성할 수
있다.

위의 원 3개는 이들 개념 간의 관계를 간략히 표시해 준다.

② 편성흐름도

경영계획 편성흐름도는 다음 페이지(p.131)에 나타내었으며, 인
용년도의 기간 표시는 단기는 2021년, 중기는 2022~2024년을 가리
킨다.

③ 수립[진행]절차

○ 1단계: 회사 비전에 입각한 중장기 경영방침과 경영지표의 설정
경영방침(Biz Policies)에 관해 다양한 해석이 존재하는데 하나의
교과서적 정의로는, 경영 의사결정에 일관성(一貫性)을 부여하기
위해서 기업이 설정한 지도원칙이나 그런 실행절차를 의미한다고

한다. 이것을 좀 더 구분한다면 기본방침, 일반방침, 부문방침 등으로 구분되어지는데, 기본방침은 통상 '기업이념' 내지 '사시(社是)'로 표현되는 가장 기본적인 경영철학을 가리키며 일반방침은 주로 전사적 차원에서 공통 적용되는 인사/조직방침, 업무방침을 뜻하고 부문방침은 품질방침, 영업방침 등 기능[분야]별로의 방침을 나타낸다고 하겠다.

　여기서 말하는 중장기 경영방침은 위 구분에 의하면 일반방침이며 단기가 아닌 중장기적으로 적용되고 있는 것을 말하는데, 기업에서 특별히 '단기간의 경영방침'을 운용하고 있지 않다면 대부분의 경영방침은 중장기적이라고 할 것이다. 타사의 한 예를 들면 아래와 같다.

경영방침 예시

I. 철저한 고객지향

품질 SYSTEM의 완벽한 정착
스피드한 고객대응
친절한 고객응대

II. 신상품,신시장의 성공적 진입

신제품
자가 BRAND

MANAGEMENT POLICY

III. 질 위주 경영 정착

ERP 시스템의 완성
(물류시스템, 관리회계시스템)
낭비없는 현장만들기
(자재, 생산성, 설비)

IV. '직장생활의 질' 향상

신인사제도의 도입
교육훈련 강화(기회확대)
Incentive제도 강화

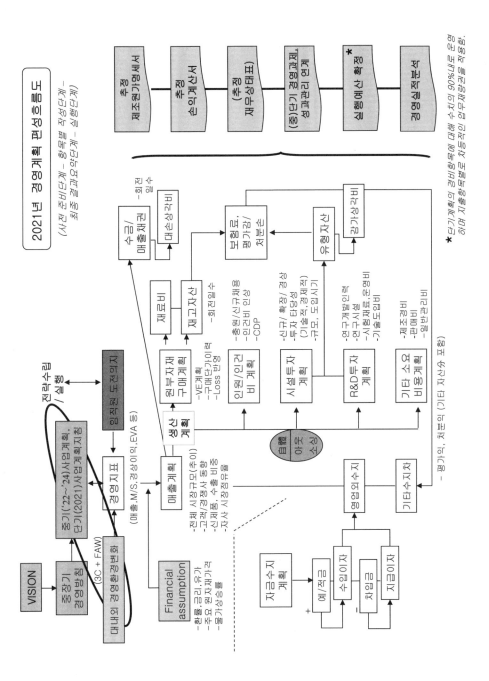

2021년 경영계획 편성흐름도

(사전 준비단계 – 항목별 작성단계 –
최종 결과요약단계 – 실행단계)

★ 단기계획의 경비항목에 대해 수치의 90%내로 운영
하며 지출항목별로 자동적인 업무체크관을 작용함.

★ 실행예산 확정

추정 제조원가명세서
추정 손익계산서
(추정) 재무상태표
(중)단기 경영과제, 성과관리 연계
경영실적분석

수금/매출채권 ─ 회전일수
대손상각비

재료비
재고자산 ─ 회전일수

보험료, 평가감/처분손
유형자산
감가상각비

─종업/신규채용
─인건비 인상
─CDP

─신규/확장/경상 투자 타당성 (기술적, 경제적) ─규모, 도입시기

─연구개발인력
─연구시설
─시험재료, 운영비
─기술도입비

─제조경비
─판매비
─일반관리비

원부자재 구매계획
─VE계획
─구매단가이력
─Loss 반영

인원/인건 비 계획

시설투자 계획

R&D투자 계획

기타 소요 비용계획

생산 계획

매출계획
─전체 시장규모(추이)
─고객/경쟁사 동향
─신제품, 수출 비중
─자사 시장점유율

자체 아웃 소싱

중기('22~'24)사업계획, 단기(2021)사업계획지침

임직원 도전의지

경영지표
(매출,M/S, 경상이익,EVA 등)

VISION

중장기 경영방침

대내외 경영환경변화

(3C + FAW)

전략수립 / 실행

Financial assumption
─환율,금리,유가
─주요 원자재가격
─물가상승률

영업외수지

기타수지차
─평가익, 처분익 (기타 자산外 포함)

자금수지 계획

예/차금
수입이자
차입금
지급이자

VI 기획 기능   131

그리고 중장기 경영지표는 현재의 경영 여건에서 미래의 장래상/비전 달성까지 한 번에 도약이 어려우므로 중간에 <u>징검다리</u> 역할을 설정하는 것으로, 특정 시점(보통 향후 3~5년)에 달성했으면 하는 주요 경영목표를 대개 복수로 표시한다.

〈예〉
- 2024년도 매출액 500억 원 달성
- 2024년에 1인당 매출액 5억 원 초과
- 2024년 생산 capa. 월 10만 대 돌파
- 2022년 출하불량률 100PPM 달성, 2023년 세전이익률 10% 실현, 2024년 시장점유율 20% 실현

○ 2단계: Financial Assumption 및 작성양식의 확정
재무적 가정(financial assumption)이란 공공/민간 경제연구소 등의 예측기관에서 공표하는 자료를 바탕으로 금번 경영계획 수립 시에 공통적으로 적용해야 할 주요 경제지표 값을 정하는 것을 말한다. 보통 3~4곳의 자료를 비교 검토하여 공통적인 분모 값을 추출하거나 또는 평균치를 도출하기도 하는데, 다음 페이지에선 일반적으로 인용되는 재무적 가정(假定) 지표의 최근 사례 수치를 예로 들어 보았다.

	2018년 (추정)	2019년 전망			2020년 전망	2021년 전망	2022년 전망	비고
		상반기	하반기	연간/평균				
○ GDP성장률(%)	2.7	2.5	2.8	2.6	2.6			
○ 물가상승률(%)	1.5	1.2	1.5	1.4	1.6			
○ 경상수지(억$)	750	230	460	690	670	전망치의 별도제시가 없을때 직전년도 지표적용		
○ 원/달러 환률	1,100.5	1,135	1,115	1,125				
○ 원/유로 환률	1,303	1,308	1,321	1,315				
○ 금리 평균(%)	2.1	2.2	2.3	2.2				
○ 원유도입가($)	71	64	64	64	63			배럴당 전년동기대비
○ 원자재상승률(%)	2.8			0.2	0.3			
○ 도입부대비용율 -원자재 -설비								
○ 기타1								
○ 기타2								

당사의 품목을 추가要

당사의 실적을 제시要

작성 양식은 경영계획의 세부적인 각 항목별로 확정해 두어야 하는데, 항목의 예를 들면 매출(품목별 수량과 금액 각각), 생산(품목별 수량), 인원과 인건비, 재료비(불량 및 Loss 감안), 투자(시설, R&D), 감가상각비, 기타 투입비용(세부 항목별 및 제조/일반관리비/판매비/R&D로 구분), 매출채권, 재고자산, 차입금과 이자 비용, 영업외수지(수익, 비용), 손익계산서(구성항목별), 재무상태표(자산/부채/자본의 구성항목별) 등이다. 이들 양식 중 몇 가지를 본서 부록에 실어 놓았다.

○ 3단계: 대내외 환경변화 검토

경영활동에 영향을 끼치는 대내외 환경요소에 대해서 기업은 항상 그 변화를 예의 주시하여 적절한 대응을 해야 하는데 이를 정기

및 수시로 할 필요가 있으며, 정기적인 환경변화 검토 중에 대표적
인 것이 경영계획 수립을 앞두고 하는 것이다. 이에 대한 적용 양식
예는 다음과 같다.

<양식 1> 시장/ 고객사/ 경쟁사 분석　　※각 외부환경 9 Cell분석 병행 롯

부서:

| | 주요 이슈 | | 시시점/ 당시에 주는 영향 | | 당사의 대처/활용 방안 |
	2020년	2021년 이후	기회요인	위협요인	(구체적으로)
산업일반					
고객사					
경쟁사					

○ 4단계: 자사의 과거 결산자료(최근 3개년도) 분석

자사의 최근 3개년도(직전년도 결산이 확정 전이라면 추정치 인
용)의 손익계산서, 원가명세서(제조/용역/공사), 재무상태표 각각
에 대하여 주요 비목별로 금액 및 구성비의 연도별 증감내역 및 산
업평균(한국은행 기업경영분석자료 최신판)과의 비교를 통해 구성
내역의 추세를 분석하고 자사에 유의미한 내용을 끄집어낸다. 아울
러 총계정원장 상의 주요 경비 항목(제조/일반관리/판매)별로 세부

내용을 분류, 검토하여 기준이 되는 원(原)단위 값을 도출(→ 기준 예: 인원수, 생산 또는 출하량, 매출액, 면적, 기계 대수, 제조원가 또는 총원가 금액, 특정 계정과목의 금액 등)함으로써 제반비용 추정의 근거로 활용한다.

○ 5단계: 각 항목별 양식에 따라 해당 부서별로 자료 작성 및 전사 취합

 - 영업: 매출액(수량, 금액), 매출채권 계획

 - 구매/자재: 재료비, 재고자산 계획

 - 생산: 생산 및 출하, 생산인력 운용, 기계장치/공기구 도입계획

 - R&D: 신제품개발, R&D투자(시설 포함) 계획

 - 인사: 전사 인원 및 인건비 계획

 - 재경: 감가상각비, 차입금 및 이자 비용, 법인세 등 계획

 - 모든 부서: 부서별 인원, 경비, 투자(경상) 등 공통적인 항목의 계획 작성

 - 전사 취합(기획부서 등): 이상을 전체 취합 및 손익계산서, 재무상태표 계획

○ 6단계: 5단계에서 도출된 전사 손익과 재무상태 수치를 검토 후 재작업(수정)하는 과정을 수차례 반복하여 제반 자료(항목별 수치)를 CEO 승인하에 최종 확정(fix)

○ 7단계: 단/중기 경영과제 도출하여 과제별 중요도와 시급성 등을 따져서 우선순위 부여 및 추진부서와 시기를 명확화

④ 전사(全社) 공유 및 활용

최종적으로 확정된 경영계획은 전사적으로 공유되고 즉시 실행되어야 한다. 이를 위해서는 가급적 연초에 전체 임직원이 참석한 자리에서 CEO가 이를 공표하고, 각 부서는 전사 경영계획 자료와 담당부서별 세부자료를 근무장소에 비치해 두고서 항상 이것을 참조하여 관련 업무를 추진해 나가야 한다. 어떤 기업은 나름대로 경영계획을 수립했다고 하면서도 막상 부서 업무는 그것과 별개로 움직이는 것을 보았는데, 그렇게 되면 그 기업의 경영계획은 활용성이 결여된 허울뿐인 문서와 다름없다.

5) (투자) 타당성 검토-후술

6) 경영관리 사이클 운용

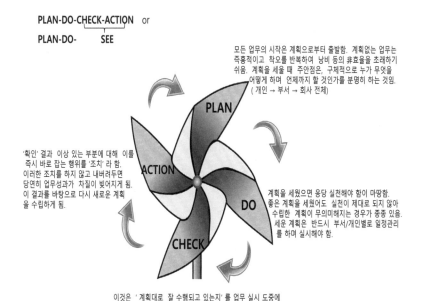

PLAN-DO-CHECK-ACTION or
PLAN-DO-   SEE

모든 업무의 시작은 계획으로부터 출발함. 계획없는 업무는 즉흥적이고 착오를 반복하여 낭비 등의 非효율을 초래하기 쉬움. 계획을 세울 때 주안점은, 구체적으로 누가 무엇을 어떻게 하며 언제까지 할 것인가를 분명히 하는 것임. (개인 → 부서 → 회사 전체)

'확인' 결과 이상 있는 부분에 대해 이를 즉시 바로 잡는 행위를 '조치' 라 함. 이러한 조치를 하지 않고 내버려두면 당연히 업무성과가 차질이 빚어지게 됨. 이 결과를 바탕으로 다시 새로운 계획을 수립하게 됨.

PLAN

ACTION

DO

계획을 세웠으면 응당 실천해야 함이 마땅함. 좋은 계획을 세웠어도 실천이 제대로 되지 않아 수립한 계획이 무의미해지는 경우가 종종 있음. 세운 계획은 반드시 부서/개인별로 일정관리를 하며 실시해야 함.

CHECK

이것은 ' 계획대로 잘 수행되고 있는지' 를 업무 실시 도중에 점검해 보는 것을 말함.
이렇게 함으로써 좀 더 완벽한 일처리를 꾀할 수 있는 것임.

기업의 모든 경영/관리는 위와 같이 P-D-C-A 또는 P-D-S라는 사이클을 적용함으로써 원활하게 돌아가게 된다. 필자의 경험상으로는 이 경영 관리사이클만 제대로 작동되어도 기업의 기본적 운영에는 큰 지장이 없을 정도로 이것은 매우 중요한 것이다.

2. 심사

여기서 심사(審査)라는 의미는 금융권에서 주로 쓰이는 여신공여 목적의 심사와는 다르다. 즉, 위에서 언급한 〈1. 기획〉이 향후 추진 되어야 할 업무의 선행요구 단계로서 PLAN 측면을 부각시키는 기 능임에 비해, 이 '심사'는 수립된 계획이 제대로 실행되었는지 그 실 적을 계획과 비교해 보는 사후(事後) 분석의 기능을 주로 뜻한다고 하겠으며 세부 업무로는 다음과 같은 예를 들 수 있다.

1) 경영실적 분석(Biz Results Analysis)

회사 경영이 제대로 잘되고 있느냐의 여부는 결국 경영실적(매출 액, 손익 등)을 계획 등 여러 지표와 비교하여 판단할 수밖에 없다. 어느 중소기업은 평소에 경영계획 수립은 소홀히 하면서 그때그때 의 매출실적에만 일희일비하는 등 성과에 대해 제대로 된 판단을 내리지 못하고 있음을 본 적이 있다. 경영실적 분석을 충실히 하기 위해선 선행 단계인 계획이 구체적이며 정확히 수립되어야 하는 것 인데, 여기에 추가로 다음의 운용원칙을 열거해 본다.

[경영실적 분석 시 운용원칙]

○ 주요 항목은 가급적 모두 실시: 적지 않은 기업들이 경영실적 검토를 매출 내지 이익 등 한두 가지 지표에만 의존하는 경향이 있 는데, 되도록이면 앞서 예시된 경영계획 수립 주요 항목들은 모두

실시하는 것이 바람직하다. 그래야만 단편적이 아닌 종합적인 분석/검토가 가능해지기 때문이다.

○ 당사의 추세 분석과 함께 업종 평균 내지 주요 경쟁사와 대비: 충실한 분석을 위해서는 당기 실적을 당기 계획에만 비교해선 되지 않고 전년도 실적 대비 증감을 통해 추세/흐름도 파악해야 하며 더 나아가 업종 평균 및 주요 경쟁사와도 비교하여 자사의 수준/위치까지를 함께 파악하는 것이 좋다.

○ 차이에 대한 보완책도 제시: 실적이 계획 대비 차이 나는 것에 대해선 단지 금액만 표시할 게 아니라 그 차이가 무엇 때문에 발생하였는지 사유를 구체적으로 밝히고 또한 이에 대한 보완책을 함께 제시해야 한다. 이 같은 내용들이 부족하면 그것은 전혀 '분석(分析)' 자료라 할 수 없고 그저 차이 금액만 적어 놓은 문서 이외에 아무것도 아니다.

○ 경영실적 분석만을 위한 별도의 전사 회의체를 운영: 적어도 회사의 부서장급 이상이 참여하고 CEO가 주재하는 전사 회의체에서 본 경영실적 보고를 다루도록 하는 것이 바람직하다. 그래야 회의 도중 제기되는 이슈/문제점에 대해 전사적 해결 방안이 그 자리에서 도출될 수 있기 때문이다.

2) KPI에 의한 성과 평가

KPI는 Key Performance Indicator(or Index)의 약자로 우리말로는 핵심성과지표라 하여 어떤 업무를 수행함에 있어 특히 중점을 두고 추진해야 할 항목을 가리킨다. 부서[원]의 업무 수행결과를 논할 때 모든 항목을 빠짐없이 거론하는 것은 실질적으로 불가능하거나 효율적이지 않으므로, 통상 KPI 항목을 선정해서 이들 항목만이라도 제대로 평가하면 대상 부서[원]의 업무 수행결과를 대부분 확정할 수 있다는 의미이다. 따라서 KPI에 의한 성과 평가가 합리적으로 진행되려면 먼저 각각의 부서 내지 개인에 대해 어떠한 항목을 어떻게 평가하느냐의 방법론을 구체적으로 수립해야 한다.

여기서 주의해야 할 점은 ① *각 부서[원]의 업무를 잘 대변할 수 있는 KPI 항목을 여러 개 선정하되 지나치게 많게 하지 않고(예: 부서 개별 항목 + 전사 공통 항목으로 구성하여 통상 10개 안팎)* ② *선정된 KPI는 객관적 평가가 가능하도록 산출 방법이 구체화되어야 하며* ③ *KPI 산출값의 평가 의미가 어떠한지 소정의 평가구간이 함께 제시되어야 하고* ④ *以上의 KPI 항목들이 선정 → 결과값 산출 → 평가구간 배치에 있어서 특정 부서[원]에 유/불리가 작용하지 않도록 전사적으로 공정하게 설계되어야 한다는 것이다.*

다음의 KPI 예는 영업부서에 대한 것으로, 첫 번째 내용은 KPI 항목과 이것의 산출 방법에 관한 것이고 다음 내용은 이들 항목의 평가값 구간을 설정한 것인데 이를 참조하여 기업 여건에 따라 적절하게 조정하여 적용해 볼 것을 권하는 바이다.

영업부서 공통

- 매출 달성률 = 당기 매출실적 / 당기 매출계획 ×100 %

- 신규 고객 개척률 = 신규고객 매출실적 / 전체 매출실적 × 100 %

- 영업이익 공헌도 = 영업사원 1인당 영업이익

- 고객만족도 (Q.Q.C.D) = [당기 만족도 지수 − 전기 만족도 지수]의 값 (%P)

- 시장점유율 = [당기 M/S − 전기 M/S]의 값 (%P) → M/S 대신, 고객사의 '당사 거래비중'으로 대체

- 신규아이템 매출비중 = 신제품[상품] 매출액 / 총매출액 × 100 %

- 매출채권 회전일수 = (전기 회전일수 − 당기 회전일수) / 전기 회전일수 × 100 % or 회전일수 목표값

- 부실채권 건수 및 점유비중 = 부실채권 발생 건수 (일정기간 내) or 부실채권 발생금액 / 총채권금액 × 100%

- 생산부서 등 관련부서와의 정보교류도 = 의사소통상 문제 있었던 건수의 발생 정도

- 매출비중 = 영업사원 자신의 매출 / 전사 총매출 × 100%

- 시장상황/제품/상품 지식 = 同 지식에 대한 수집/보고 횟수

- 외국어 능력 = TOEIC, TOEFL, JPT, CPT 등 외국어 공인어학점수 (이 중에서 택일)

- 제안건수 = 당당 업무[또는 全社] 생산성 향상 차원에서 제안한 건수

배점	영업부서 공통	S	A	B	C	D
15	매출 달성률	130%이상	110%~129%	95%~109%	80%~94%	79%이하
8	신규고객 개척률	10% 초과	7.5~10 %	5~7.4 %	2.5~4.4 %	2.5% 미만
15	영업이익 공헌도	1억 이상	9천만원대	8천만원대	6~7천만원대	5천만원이하
8	고객만족도 (Q,Q,C,D)	20%P 초과	15~20%P	10~14%P	5~9%P	5%P 미만
6	시장점유율(당사 거래비중)	10%P 초과	7~10%P	3~6%P	0~2%P	감소
6	신규아이템 매출비중	20% 초과	15~20%	10~14%	5~9%	5% 미만
6	매출채권 회전일수	20% 초과	15~20%	10~14%	5~9%	5% 미만
8	부실채권 건수 및 점유비중	0[0%]	1~2 [1%까지]	3~4[2%]까지	5~6[3%까지]	7이상[4%이상]
6	생산부서 등 관련부서와의 정보교류도 (문제 건수)	0	1~2	3~4	5~6	7개이상
8	매출비중	30%P 초과	21~30%P	15초과~20%P	10~15%P미만	10%P 미만
4	시장상황/제품/상품 지식	1회 이상/월	0.8회까지	0.6회까지	0.4회까지	0.4회 미만
6	외국어 능력	별도 기준				
4	제안건수	1회 이상/월	0.8회까지	0.6회까지	0.4회까지	0.4회 미만
합 100						

3) 내부감사(Internal Audit)

① 내부감사의 정의

세계적으로 기업경영에 관한 이론과 각종 사례가 발달한 미국에서 1941년에 발족된 미국내부감사인협회(IIA: The Institute of International Auditors)가 1978년에 '내부감사인의 직업적 실무를 위한 기준'을 제정하였는데 이에 따르면, 내부감사란 '조직에 대한 서비스의 일환으로 경영활동 전반에 대한 검토를 위해 조직 내에서 행해지는 독립적인 평가활동으로 조직 내의 여타 통제의 효율성을 측정, 평가하는 경영통제활동'이라고 정의되고 있다.

'감사(監査)'라는 단어의 부정적 어감 때문에 특히 중소기업에서는 이 내부감사 기능이 전무(全無)하다시피 한데, 그렇기 때문에 더더욱 CEO를 위한 보좌 기능 역할 차원에서도 이 내부감사 기능이 제고되어야 한다. 이것은 주로 회계영역에서 행해지는 외부감사와는 그 의미를 달리한다.

② 내부감사와 외부감사의 비교

내부감사를 외부의 독립된 제3자에 의한 외부감사와 비교하여 그 특성을 구분해 보면 다음과 같다.

구 분	내 부 감 사	외부감사(외부의 독립된 제3자)	
		외부 회계감사	상법상 감사
감사목적	경영관리, 경영체보호	외부 이해관계자 보호	주주의 이익 보호
감사주체	내부 감사인	직업감사인(공인회계사)	상법상 감사
감사범위 (영역)	경영활동 및 조직·제도 에 대한 감사	재무제표 회계 감사, 이윤분배 상태 감사	이사의 업무집행 및 재산보전 상태 감사
법 규	임의 감사	강제·임의 감사	강제 감사
감사중점	기중 감사 ┌공정성 및 타당성 감사 └효율성 및 준거성 감사	기말 감사(결산 사후) 회계 절차 및 처리 감사	기말 감사(결산 사전) 적법성 감사
감사방법	精 査	試 査	檢 査
감사기준	•경영이념 및 경영방침 •최고경영진의 지시 사항 •사업계획 및 예산 계획 •사규 및 업무 처리 지침	•일반적으로 인정된 기업회계기준 (GAAP)	•상법 및 부속 법규 •회사의 정관
감사절차	•감사의 목적, 범위, 대 상 등에 따라 필요한 절차 이용 가능	•일반적으로 인정된 감사절차(GAAS)	•경영진으로부터의 보고 또는 조사

③ 내부감사의 범위 및 유형

○ 내부감사의 범위: 내부감사의 범위로는 크게 제반 경영활동 (재무, 영업, 생산 등)에 대한 감사와 함께 조직/제도에 대한 감사로 나눌 수 있다. 이를 다시 세분해 보면

○ 경영활동에 대한 감사 → 재무 및 영업, 생산 등 경영활동 전반 에 관한 정보의 신뢰성과 그 흐름의 적정성 감사, 회사 재산의 실재 성 및 적정보전 여부에 대한 감사, 제반 경영자원 이용의 경제성과

효율성에 대한 감사, 경영계획의 실현성 및 이행 정도 감사 등

　○ 조직/제도에 대한 감사 → 조직 및 제도의 효율성과 타당성 등을 감사

　○ 내부감사의 유형으로는 대개 회계감사(예: 결산의 진실성 및 업적보고의 공정성 확인), 부정/비리 감사(예: 회사의 재산보전과 공정한 업무수행에 반하는 임직원 부정/비리에 대한 제보 접수/조사/조치), 경영진단 감사(예: 부문별 업무 기능의 효율성 제고를 위한 감사) 등을 들어볼 수 있다.

　필자는 직장 재직 중 CEO 직속의 경영진단부서장을 역임하면서 본 내부감사업무를 7년 정도 수행한 경력을 보유하고 있는데, 이 기간 중 경험한 다양한 유형의 사례들은 중견기업 내지 규모가 큰 중소기업에도 마찬가지로 적용될 여지가 많으므로 기업들은 각자의 여건에 맞게 범위와 유형을 정하여 내부감사를 실시해 나갈 필요가 제기된다. 특히, 감사 기능과 매우 관련성이 높은 기업윤리 측면은 기업의 규모와 관계없이 절대적으로 요구되는 것으로서 이 역시 필자가 내부감사와 함께 병행한 업무임을 첨언하는 바이다.

④ 내부감사의 기능

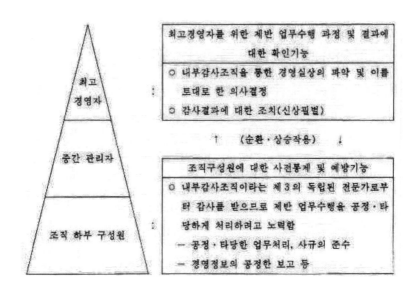

이러한 내부감사 활동은 사후 적발보다는 사전통제와 예방기능을 강화하는 방향으로 수행되는 추세인데, 이것은 잘못된 행위로 야기되는 결과를 추후 바로잡고자 할 때 소요되는 비용과 시간, 노력 등을 감안한다면 극히 바람직한 현상으로 생각된다.

4) (사업) 타당성 검토

「V. 생산 일반 기능 (품질 포함) - 5. 유형자산 관리 및 실사 방법」에서 기업이 동원 가능한 자원은 유한하기 때문에 기업이 설비의 증설을 결정하기 전에 그 투자에 대한 타당성 검토를 사전에 거치는 것이 필요하다고 서술했다. 그런데 이러한 시각을 좀 더 넓혀 보면 설비투자를 포함한 일반적인 사업타당성 검토 이슈로 확장된다. *(cf. 본 타당성 검토는 기획 기능이자 심사 기능으로도 볼 수 있어 이번 심사 편에서 다루어 보았다.)*

① 검토 포인트

사업을 영위하려면 대개 설비투자를 포함하여 자금이 많이 소요되기 때문에 반드시 사전에 소요자금 조달을 비롯하여 경제성 검토 결과에 따라 결정하는 것이 요구된다. 또한 신규 사업이 정부의 각종 규제책에 위배되지 않는지, 인허가가 필요하다면 취득이 가능한지 등도 함께 종합적으로 검토하여야 한다.

ㅇ 자금조달 검토: 먼저 필요자금이 어느 정도 규모인지를 기간별로 정확히 예측하고 나서, 이 자금을 내부(잉여금, 증자 등) 또는 외부자금(차입금 또는 주식공모 등)으로 조달하는 구체적인 방안을 대응 기간별로 검토함이 필요하다.

ㅇ 경제성 검토: 해당 자금이 투자(cash-out)되면 얼마만큼의 경제적 효과(cash-in)가 예상되는가, 투자금액을 얼마나 빨리 회수할 수 있는가 등을 다음과 같은 소정의 양식으로 검토하는 게 좋다.

<CASH FLOW>

	원년	+1년차	+2년차	・・・・	구성항목	
IN		*cf.(세후순영업이익 + 감가상각비)*			・ 당기순이익 ・ 감가상각비 ・ 지급이자 x (1-법인세율) ・ 기타	투자가 완료되면 얼마만큼 돈(당기순이익)을 벌 수 있나 — 後
OUT	초기 투자 금액	(추가 투자 금액)			・ 시설투자 ・ 운전자금(증분) ・ 기타	투자를 한다면 금액이 얼마나 필요한가(초기 + 추가?) — 先
差					각 연도별 NCF (순현금흐름)	

本 표에서 구해진 각 연도별 순현금흐름의 값과, 이를 적정할인률로 할인한 순현금흐름할인(Net Discounted Cash Flow)값 等을 이용하여 여러 분석기법으로써 경제성을 검토함.

위 표를 이용한 전형적인 경제성 검토 방법은, 각 연도별 Cash-In 에서 Cash-Out을 차감한 NCF(Net Cash Flow: 순현금흐름)의 합계 값이 '0' 이상 또는 기업이 정한 일정 목표금액 이상이면 일반적으로 '경제성이 있다'라고 판단하는 것이다.

필자가 알고 있는 한, 대부분의 중소기업에서는 설비투자에 대한 기술성 검토는 나름대로 한다고 하겠으나 경제성 검토를 구체적으로 하는 곳은 매우 드물다고 하겠다. 따라서 다음과 같은 잘못된 사례를 보유한 기업을 어렵지 않게 발견할 수 있는데 많은 중소기업들이 특히 설비투자 시에 참고해야 할 내용이라고 본다.

② 잘못된 사례-설비투자 집행 이후 부실화된 자산

기업을 방문하여 라인 투어를 다니다 보면 제조현장을 비롯하여 여러 군데에서 미가동 상태로 놀려 두는 시설/장비를 어렵지 않게 발견할 수 있다. 그들 중 상당수는 수주 감소 등으로 작업물량이 없어 한시적으로 세워 둔 것도 있지만 기타 여러 가지 사유로써 생산 활동에 기여하지 못하고 방치되어 있는 부실자산인 경우도 또한 적지 않다.

[사례 18]

경북 구미 소재 R 사의 경우, 일부 생산공장에 대해 평소 공장 내에 사용하지 않고 방치되어 있는 기계/설비들이 적지 않음을 깨닫고 특정년도 상/하반기 말에 각각 그 실태파악을 한 결과, 이들 부실자산들의 원인별 금액(미상각잔액)과 그 발생사유가 아래와 같이 정리되었다.

대상 기간	부실 원인	금액(백만원)
201X년 연간	공정 변경	228
	모델 단종	44
	set-up 실패	21
	장비 up-grade	5
	기타	39
	소계	337

※ 금액은 미상각잔액 기준이므로 취득가 기준으로는 훨씬 더 큼

○ 공정변경: 제조 공정의 일부 변경으로 인하여 사용 장비 자체가 필요 없어지는 경우임. 추후 설비 발주시에는 공정 기술의 변화 또한 충분히 감안해 볼 것이 필요함.

○ 모델 단종: 시장/고객의 요구 변화에 따라 생산제품의 모델

change가 발생하면서 이에 따라 해당 설비의 용도가 없어져버린 결과가 됨. 어느 정도는 필연적이라고 볼 수 있는 경우임.

○ set-up 실패: 새로운 장비가 도입되면서 라인내 설치를 위해 시운전/테스트를 반복하였으나 끝내 불합격 처리되어 내버려 둔 것임. 장비 도입시 필요한 사양의 철저한 검토가 거듭 요구됨.

○ 장비 upgrade: 기능 보강을 위해 up-grade가 이루어지면서 기존 장비에 대한 사용이 제한된 경우임.

○ 기타: 작업자의 사용상 부주의 등 여러 사유로 고장난 장비의 A/S가 제대로 이루어지지 않아 방치된 경우 및 유형자산 실사시 리스트상의 품명과 매칭되지 않아 자연스럽게 부외자산화된 부분 등이 주된 사유임.

정도의 차이는 있겠지만 제조업을 영위하는 기업이라면 위와 같은 대동소이한 사유로 인해 부실자산이 꾸준히 발생하고 있으므로 평소 이들에 대한 철저한 관리를 하여 자원의 낭비를 최소화해야 할 것이다.

3. CEO 보좌/全社的 의사결정 지원

'기획'이 갖는 주요 기능 중 또 하나 빠뜨릴 수 없는 것은 CEO에 대한 보좌 내지 전사적 의사결정을 지원하는 일이다. 특히 중소기업은 여건상 조직편제와 인적자원 구성이 미흡해 각 부서들의 기능이 대체로 충분치 않은 경우가 많아서 CEO의 의사결정에 의존하는 정도가 심하므로, 그럴수록 CEO에 대한 지원/보좌기능의 필요성은 증대된다고 할 것이다. 다음은 이에 해당되는 사례로서 하나는 중소기업의 실패 사례를, 다른 하나는 대기업에서 통용되어 온 제도를 소개해 본다.

1) CEO 보좌기능의 결여 사례

[사례 17- 再인용]

경기도 부천 소재 Q 사가 새로운 곳으로 확장 이전할 당시의 일이었다. 사업장 부지를 마련하고 공장 건물 2동을 신축하는 계약을 소규모 건설업체와 20억 원에 체결하여 진행시켰다는데, 준공 예정일이 한 달이 채 안 남았는데도 건물 뼈대 정도만 완성된 채 업체가 공사비를 다 썼다면서 추가로 요구하였다고 한다. 결과적으로 그 회사는 공사비가 추가로 10억 원 가까이 더 들어가고 준공 또한 예정일보다 많이 늦는 바람에 이전 계획에 큰 차질이 빚어졌다. 따라서 이전 시점 전후로 상당기간 동안 생산이 원활치 않음은 물론 추가 차입금과 이자가 증가하였고, 신축공장 1동에 대한 임대료 수입 기대까지 모두 다 어긋나 버려 손실이 더욱 커져서 오랫동안 회사 경영이 매우 곤란하였다고 한다.

→ <u>시사점</u>: 위 기업 CEO와 면담해 본 결과, 해당 기업은 사업장 이전이라는 매우 중요한 전사적 의사결정 관련하여 기획 측면에서의 사전 검토가 미흡하였을 뿐 아니라 투자집행 및 투자 완료 후 사후 관리에 이르기까지 CEO 말고는 주변에서 CEO를 보좌하여 조언해 주는 기능이 전혀 없었다는 점이 문제로 드러났다. 그렇다 보니 CEO가 자신의 감(感)만 믿고 밀어붙인 것이었고 그 여파로 회사 경영이 오랫동안 위태로워지는 것을 감수해야 했다.

2) 내부통제 제도 운영 사례

① 의의

회사 조직은 경영목표 달성을 위해 필요 업무와 이를 수행할 인력이 결합된 유기체이므로 조직성과를 극대화하려면 우선 구성요소('업무'와 '인원')가 명확히 정의되고 또한 이를 철저하게 운영해야 한다. 그런데 많은 회사에서는 특히 중소기업은 더욱, 수행조직 단위의 업무가 명확하지 못하거나 상호 컨트롤(조정/견제)하는 기능이 미흡 내지 결여되어 이로 인한 업무의 Loss와 Risk가 매우 큰 것으로 확인되고 있는 상황이다. 내부통제 제도(internal control system)는 바로 이에 착안하여 개발된 것으로, 회사의 그러한 비효율적 측면과 리스크를 제거하기 위해 CEO에 의해 임명된 '자기진단인'이 별도의 통제 리스트에 의해 현상을 파악하고 개선책을 마련하여 CEO에 보고 후 전사적으로 개선안을 실행해 나가는 제도이다.

② 내부통제 대상 분야 사례

내부통제 실시 대상 분야로는 우선, 현금 입/출이 수반되는 '매출채권'(국내/수출)과 '지불'(급여 포함)을 추천하며, 추가로 '구매', '제조(생산)', '금융자산' 등의 순서로 대상을 넓혀 가는 것이 좋겠다. 본 제도에 의한 자기진단인이 피진단부서 대상으로 확인하는 자기진단 리스트의 일부 예(채권관리, 물동/재고관리)를 다음과 같이 제시한다.

채권관리

1.9 잔액관리

채권잔액에 대하여 주기적으로 회수가능성 및 실제성이 확인되어야 함

질문서	YES	NO		
		보완절차 있음	대책 수립함	Risk Accept 함
<u>정당성/정확성</u>				
1.9.1 회수불능채권에 대한 대손처리 규정이 정해져 있으며, 　　　이 규정을 준수하고 있는가?				
1.9.2 대손처리는 정당한 승인을 통하여 이루어 지는가?				
<u>감독통제/유지관리</u>				
1.9.3 채권잔액 확인서는 정하여진 주기에 따라 거래선에 발송 　　　하여 잔액의 정확성을 확인 받는가?				
1.9.4 잔액조회 결과 거래선과 잔액 차이 발생시 원인이 파악되고 　　　정당한 승인을 통하여 처리되는가?				
1.9.5 내부통제목적을 위하여 영업부서 및 대금청구부서로 부터 　　　독립된 부서가 일정기간의 수금내역, 채권잔액 등 거래내역 　　　을 주기적으로 거래선에 직접 조회하고 있는가?				
1.9.6 거래선별 채권회수기간분석 또는 연령분석(aging analysis) 　　　정보가 정기적으로 담당임원에게 보고되고 있는가?				
1.9.7 장기미회수 채권에 대해서는 별도 관리하고, 원인조사 및 　　　대책을 마련하고 있는가?				
<u>직무분리</u>				
1.9.8 대손처리업무는 대금청구업무와 분리되어 있는가?				
1.9.9 잔액조회업무는 다음의 업무와 독립적으로 수행되는가? 　　　(1) 주문업무 　　　(2) 출하 　　　(3) 대금청구 　　　(4) 수금 　　　(5) 예금원장확인				

물동/재고 관리

3.2 재고

최근의 물동계획에 따라 적시에 적정재고 수준이 유지되어야 하며, 재고자산의 부실을 방지하기 위한 관리system이 운영되어야 함

질문서	YES	NO 보완절차有	NO 대책수립함	NO Risk Accept	해당사항없음
<u>재고관리/평가</u>					
3.2.1 위탁창고 사용시 손·망실에 대한 책임규정은 명확히 계약서에 작성되고 관리되고 있는가?					
3.2.2 재고분류 기준은 명확히 적용하고 있는가? (정상재고, 진부화재고, 불용재고)					
3.2.3 총재고와 제품별 정상/장기/악성재고로 구분하여 소진대책을 수립/보고하고 있으며 이대로 처리되는가?					
3.2.4 제품, 모델별 적정재고 회전일은 설정되어 관리되고 있는가?					
3.2.5 簿外, 무상, sample 재고는 별도로 구분 관리 되는가?					
3.2.6 반기 1회 이상 재고실사 및 확인 내역을 보고하고 있는가?					
3.2.7 장부재고와 실물재고의 차이 발생시 원인을 규명하고 정기적으로 법인장에게 보고하는가?					
3.2.8 보유 재고는 item별 정확한 history 파악 전제하에 월령 분석을 정기적으로 실시하고 있는가?					
3.2.9 규정에 의거하여 해당되는 제반 평가감을 실시하고 있는가?					
3.2.10 제품수불 내역과 근거 장표는 일치하는가?					
3.2.11 입.출고 기록과 거래명세서 기재내역을 대조 확인하는가?					
3.2.12 반품/불량품과 정상재고의 Location은 분리되어 있는가?					

4. 요구되는 경영사조(思潮)에 대응

1) 윤리경영(Ethics Management)

① 윤리경영의 태동과 의의

도처에서 강조되어 이제는 별로 낯설지 않은 윤리경영[기업윤리]이란 단어는, 국제적으로 1990년대 중반부터 WTO, ICC, UN, OECD 등의 국제기구들 간에 부패방지라운드가 추진되며 국제투명성기구(TI)같은 비정부기구도 국제반부패회의를 주재하고 매년 국가별 청렴도를 발표해 오는 등 반부패와 윤리준법 강화활동 전개가 촉발된 것들에 기원을 둔다. 이에 따라 기업윤리 활동의 근간이 되는 윤리규범[강령]을 갖춘 기업들의 수가 글로벌 기업을 중심으로 비약적으로 증가하였으며, 우리 한국에서도 이와 같은 동향에 맞춰 정부 해당부처별로 근거법 제정과 함께 제도와 정책을 마련하여 시행하게 되었다. 국내 대기업 중에선 LG그룹이 가장 먼저 1994년에 윤리규범을 제정 공포한 것을 시발점으로 타 그룹들이 이에 가세하였고 오늘날 공공기관에 이르기까지 윤리경영에 관해 다양한 제도를 운영 중으로서 이를 자사 홈페이지에까지 널리 알리고 있는 현실이다.

그러나 기업체 숫자와 고용인원 측면에서 대기업보다 압도적 비중을 점하는 중소기업들은 아직도 윤리규범을 보유하지 않은 곳이 거의 대부분이며 설령 갖추었다 해도 실질적인 운영은 거의 안 되고 있는 실정이다. 한국 경제의 중요한 축을 담당하고 있는 중소기업들도 이제는 윤리경영을 시대가 요구하는 경영사조로 받아들여 이를 점진적으로 실천해 나가야 할 것이다.

② 윤리경영의 의미

윤리경영은 윤리(倫理)와 경영(經營) 두 단어가 결합된 것으로 '윤리적인 경영' 내지 '윤리에 의한 경영'의 의미로 풀어 볼 수 있다. 관점에 따라 다소간 의미 차이가 있겠지만, 윤리경영이란 조직체의 활동(의사결정을 포함한 일상의 업무활동)에 있어서 그것이 옳고 그른지 여부 및 소정의 기준과 체계로써 선과 악을 판단하게 해 주는 경영행태라고 할 수 있는 것이다.

이러한 윤리경영의 개념 틀에는 일반적인 선(善)과 정의로움뿐 아니라 투명하고(transparent) 공정한(fair) 경영의 의미도 포함하며, 또한 기업을 둘러싸고 있는 이해관계자 집단(고객/소비자, 주주, 채권자, 협력회사, 경쟁자 등) 및 사회여론에 대해 책임지는 자세 또한 윤리경영 범주에 포함되어야 한다는 견해가 지배적이다.

③ 중소기업의 초보적인 윤리경영 실천방안 제시

○ 첫째, 윤리경영이 대세로 정착되어 가는 경영 패러다임 변화를 누구보다 CEO가 충분히 인지하여 자사 내에 윤리경영 기초과정부터 도입해서 전 임직원이 교육을 반복적으로 받는다.

○ 둘째, 자사의 윤리규범을 제정함으로써 임직원들의 일상적인 업무활동에 대한 판단기준 부여와 함께 CEO의 경영철학을 지지할 수 있도록 한다.

○ 셋째, 부정/비리에 관한 것은 차치하고라도 우선적으로 금품/향응 수수에 관한 신고부터 소정의 기준과 절차에 따라 전사적으로 운용하도록 한다.

○ 넷째, 여건상 윤리경영만을 전담하는 부서[원]는 없을지라도 이를 자신의 업무범주에 넣어서 추진할 담당자를 지정하고 전사적인 추진력을 부여해 준다.

④ 모든 기업[조직체]에 대한 윤리경영 로드맵 제시

위 ③번이 중소기업에 대한 초보적 수준의 윤리경영 가이드라면, 다음 페이지에 제시하는 것은 모든 기업[조직체]들이 갖추어야 할 윤리경영을 단계별로 로드맵化한 것이다. 시작은 기초단계이며 이후 진행단계를 거쳐 최종 완성 단계로 마무리 된다.

2) 예방경영(Preventive Management)

① 의의

예방경영이란, 말 그대로 기업이 전개하는 경영활동에 있어서 잘못된 결과를 방지하고자 가능한 부분은 사전에 예방차원에서 관리해 나가자는 것으로 궁극적인 목적은 기업의 중단 없는 성장(지속 가능한 경영)을 도모하고자 함에 있다. 예방경영관리의 3대 축을 제시해 보면 다음과 같다.

○ 업무시스템 및 제도 측면

경영진단, 위험관리(risk management), 내부통제

○ 재무 측면

유동성관리(csh flow management), 조기경보제(early warning system), 경제적 부가가치(EVA)에 의한 경영, 외부회계감사 대응강화

○ 임직원 의식 측면

윤리경영, 내부감사 등

② 예방경영 관련한 자가(自家) 체크리스트

자사[조직체]의 예방경영 관리의 현 수준이 어떠한지를 파악하고, 미흡한 부분에 대한 대응책을 수립하기 위한 방안으로 소정의 체크리스트를 다음 페이지와 같이 예시해 본다.

윤리경영 로드맵

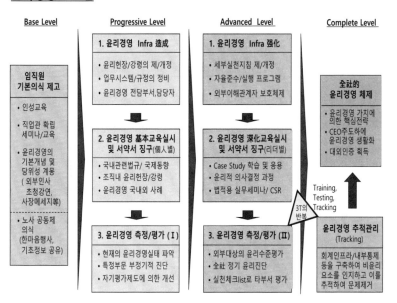

< 예방경영관리의 現 수준파악을 위한 체크리스트 >

(우리 회사의 현 수준중에 가장 부합되는 것을 확인하시고, 그 점수를 기입해 보십시오)

8대 영역별 구분	자가 평가 점수					점수
	0점	3점	6점	9점	12점	
경영진단 (全社 종합진단을 의미)	外部 제3자가 실시하는 경우 :여지껏 받아 본 적이 전혀 없다. (회사 自體로 하는 경우) :여태껏 실시한 적 없다.	과거 받아본 경험이 2년이상 되었다. (自體 경우는 1.5점)	최근 2년 내 1회 이상 받아보았다 (自體 경우는 3점)	정기적인 제도를 만들고 2년마다 1번 정도씩 받는다. (自體 경우는 4.5점)	정기적인 제도화를 통해 매년 1회 이상 받고 있다 (自體 경우는 6점)	
내부통제	내부통제에 대한 개념이 전혀 없어 조직기능에 반영 안된 상태이다.	내부통제에 대한 개념이 일부있으나 회계부문에 국한되어있다.	전사적인 내부통제를 추가로 검토하고 있다	내부통제를 전사적으로 확대시키기 위한 제도화를 완료 했으나 적용은 일부이다.	전사적 내부통제 제도완료와 함께 전면적인 적용을 정기적으로 시행중이다.	
리스크 매니지먼트	리스크 관리에 대한 개념이 전혀없는 상태이다.	리스크관리에 대한 개념은 대강 알고 있고, 일부작업을 시도하고있다.	리스크 매니지먼트에 관한 종합적인 계획을 수립중이다.	리스크 매니지먼트 시스템이 수립되었고, 부분적으로 실시중이다.	리스크의 정의-분류-평가-조치에 대한 체계적인 (계획과 실행)시스템이 종합적으로 운용중이다.	
유동성 관리	CEO가 단순히 자금 입출만 파악하는 상태이다.	회계부서 혼자서 자금계획을 세우고 집행한다.	자금부서 주관하에 全社환경조로 자금관리 계획을 세우고 집행 실적도 비교 분석한다.	유동성을 개선하기 위해 매출채권·재고 자산 등의 관리 노력을 병행한다.	전담부서(전담자)를 두고 全社的인 유동성개선계획을 세워서 목표 재무비율 달성을 위한 tree 요소별 실천 활동을 전개중이다	
조기경보체제	조기경보체제에 대한 개념이 전혀 없는 상태이다	조기경보에 대한 개념은 들어봤고 일부부서에 적용을 시도하고 있다.	전사적 조기경보를 도입하기 위하여 경보 지표를 발굴중에 있다.	조기경보체제를 전사적으로 구축하였으나 부분적 실행에 있다.	체계적으로 수립된 조기경보지표에 대해 전사적인 follow-up이 되고 있다. (경보체제 가동중)	

회사명: 　　　　　　　　　　　　　　　　　　　　　　　평가일:
　　　　　　　　　　　　　　　　　　　　　　　　　　　평가자일:

< 예방경영관리의 現 수준파악을 위한 체크리스트 >

8대 영역별 구분	자가 평가 점수 (우리 회사의 現 수준에 가장 부합되는 것을 확인하시고, 그 점수를 기입해 보십시오)					점수
	0점	3점	6점	9점	12점	
경제적 부가가치와 가치경영	이들에 대한 적용이 전혀 안되고 있다.	담당부서 정도만 EVA개념을 알고 관련수치를 표시하는 수준이다.	전사적으로 EVA를 홍보하는 경영계획 등에 활용하고 있다.	단순히 경영계획에 활용하는 차원을 넘어 투자타당성 등 의사결정에 반영중이다.	회사 Vision/사업구조에 이르기까지 全社 모든 계층에서 VBM에 참여하고 있다.	
윤리경영	윤리경영과 관련하여 어떠한 시도도 없었다.	윤리강령/임직원 행동규범 정도만 형식적으로 제정해 놓은 상태이다.	추가하여, 전담부서 (전담자)를 두고 윤리교육과 금품수수 신고 업무를 정기적으로 하는 상황이다.	윤리경영에 대한 전사적인 경영계획을 수립하고 부분적인 실행에 들어가 있다.	전담임원(CBEO)를 두고 3단계별 윤리경영 Master Plan을 수립하여 모든 임직원이 의무적으로 업무 활동에 반영토록 하고있다. (→윤리경영의 생활화)	
내부감사 (CPA가 진행하는 외부회계감사와는 전혀 별개의 개념임)	이제까지 내부감사를 실시한 적이 없다.	비정기적이며, 가장 최근의 내부감사 실시 시점이 3년 이상 되었다.	최근 실시한 내부감사가 2년 이내이며, 정례화 실시를 추진 중이다.	정례화 된 감사제도를 갖고 있으나 부분적으로 실시중이며 feed-back도 제한적이다.	별도의 **독립된** 내부감사인으로 하여금 매년 감사계획을 수립케 하고 이의 실행 결과를 경영회의에 정기 보고하여 사내 귀감으로 삼고있다.	
종합점수						

※ 종합합점수에 의한 판단 : 0점 ~ 20점 → 예방경영에 관한한 별 볼일없음.
　　　　　　　　　　　　　　21점 ~ 40점 → 예방경영관리 Tool에 대해 일부 개념과 일부 작용과 적용이 되고 있으나 아직도 갈길이 먼 상태임.
(합산점수÷4 →)　　　　　41점 ~ 60점 → 예방경영관리의 기반이 잡혀가는 단계로서 향후로도 많은 level-up이 지속 필요함.
　　　　　　　　　　　　　　61점 ~ 75점 → 예방경영관리가 나름대로 운영되고 있으나 이의 개선을 위한 upgrade가 지속 필요함.
　　　　　　　　　　　　　　76점 ~ 90점 → 예방경영관리에 관해서 상당히 정착되어 있으며 조금만 더 보완하면 완벽한 수준이 될 수 있음
　　　　　　　　　　　　　　91점 ~ 100점 → 예방경영관리에 관해서 거의 완벽한 수준으로 회사가 운영되어 매우 바람직한 상황임.

< 단, 어느 항목이라도 0~3점 정도 나온다면 적어도 그 부분에 대해선 심각하게 再考해봐야 함 >

Ⅶ 인사/조직 기능

1. 일반적인 관리 포인트

인사(人事)가 만사(萬事)라는 말이 있듯이, 일을 직접 수행할 사람을 어떻게 확보하고 어떤 업무를 어떻게 맡겨 소정의 성과를 내도록 할 것인가 하는 것은 민간기업이든 공공기관이든 모든 조직체에서 공통적으로 가장 중요한 이슈 중 하나로 꼽힌다.

인사관리란 조직체 내 구성원들에 연관된 제반 업무를 관리하는 것인 바, 일반적으로는 그들의 채용에서부터 배치-복무-평가(처우) 및 퇴직 시까지의 각 단계별로 나눌 수 있는데, 우리 한국에서는 노동관련 법규가 수시로 강화되어 가는 추세를 중소기업에서는 더욱 유념할 필요가 있다.

1) 채용 관련

채용공고를 낼 때 언젠가부터 고용차별금지법에 따라 성별 및 연령대 제한을 못하도록 하고 있지만, 그럼에도 기업 등 조직체 내 인사담당 부서의 가장 큰 고민은 '조직에 필요한 인력을 어떻게 확보하는가'이기 때문에 첫 단계인 채용절차부터 신경을 많이 쓰게 된다.

채용 방법은 크게 공채(공공 채용, 일반 채용)와 특채(특별 채용)가 있으며 대상자로 구분하면 경력과 신입, 채용시기로 나누면 정기와 수시 등으로 분류할 수 있다. 어떤 것이든 채용공고 시엔 필요인력을 객관적으로 묘사하고 이들의 지원서류를 언제까지 어떻게 접수받으며 구체적인 전형방법과 일시 등을 정확히 안내해야 한다. 특히 지원자들에 대한 전형은 매우 공정하게 진행할 것이 요구되며, 채용공고 이후 최종 입사자 결정시까지의 관련서류들은 인사부서가 별도로 관리하는 것이 필요하다. 대부분의 중소기업에서는 조직규모가 작다 보니 채용에 대한 비중도 작은 경향이지만 그렇다고 해서 그 중요성이 결코 간과될 수는 없는 것이다.

2) 배치

소정의 절차를 거쳐 채용된 인력들은 채용기업 또는 기관 등의 여건에 따라 해당 조직체에 대한 안내 또는 교육 내지 오리엔테이션 등을 거쳐서 부서에 배치된다. 이미 채용공고에 특정의 구인조건을 명시해서 이에 맞는 인력을 채용하였다면 배치에 대해서는 별 문제가 없겠지만, '배치'에 관한 key word는 '적재적소'(適材適所)가 될 수밖에 없다. 즉, 맞는 자리에 맞는 사람을 써야 한다는 지극히 당연한 말인데, 이것이 현실에서는 그대로 적용되지 않는 경우가 많다 보니 필자가 컨설팅을 수행한 기업마다 임직원 인터뷰에서 공통적으로 배치에 관한 불만이 제기되곤 하였다.

배치에서 또 다른 중요한 점은 입사 후 기업 내에 어떠한 부서들이 있고 각자 하는 업무가 무엇인지에 대해 안내[교육]를 제대로 해야 한다는 것이다. 이 부분 역시 필자의 기업별 인터뷰에서 단골로 도출된 이슈인 바, 아무리 배치가 급하다고 이 부분을 생략하거나 건성으로 넘기면 이후 복무 단계가 충실하게 되지 않을 수 있다.

3) 복무

① 복무기록 관리 유지

복무란 부서에 배치된 이후 본격적으로 수행하는 제반 근무상황을 가리키며 여기에는 개인의 근태기록(출근, 조퇴, 결근)과 함께 근무지 이동에 관한 내용(파견, 출장, 교육 참가 등)도 포함된다. 부서 소속이 변경된다거나 인사 평가와 승/진급 내지 상벌에 관한 내용도 복무기록에 포함됨이 일반적이다.

흔히 인사기록 카드라고 하면 개인의 인적 기본사항(성명, 주민번호, 생년월일, 연락처, 주소, 학력, 경력 등)과 입/퇴사 일자를 비롯해 평소의 복무내용 상당수가 기록되어 있는 카드인데 개인별 민감한 정보가 담긴 내용이 대부분으로 조직체마다 인비(人祕, 인사비밀)로 다루는 게 보통이다. 중소기업은 업무시스템이 체계적이지 않은 곳이 많아 복무기록을 포함한 인사관리 역시 미흡한 곳이 적지 않으므로 주의가 요구된다.

② 구성원 상호 간 인격적 대우

기업 등 조직체에서는 과업 달성을 위해 모인 구성원들 간에 인적 갈등이 언제든지 발생할 소지가 다분하다. 이러한 인적갈등을 방치해 두면 개인적으로도 정신 건강에 해롭고 업무능률이 저하되는 문제가 있을 뿐 아니라, 조직체 전반으로도 근무분위기 침체 내지 퇴사 시 업무공백 등의 손실이 발생할 수 있는 만큼 이를 적극 예방해 나갈 필요가 있다.

그 첫 번째이자 마지막 수단은 조직체 내 구성원 상호 간에 상대방을 인격적으로 대하는 것이다. 상사는 부하가 어리고 업무가 미숙하다 해도 반말로 함부로 대하지 말 것이고, 부하는 상사가 학력이나 어학 등 스펙이 떨어진다 하여 업신여길 것이 아니며, 동료들 간에도 학연/지연 등을 내세워 파벌을 짓거나 자신보다 능력이 뛰어난 사람을 음해해선 안 될 일이다. 필자도 직장생활 때 중간 관리자 시절에 직속 상사와의 인간관계가 힘들어서 한때 이직까지 심각하게 고려했던 적이 있었는데 아마도 직장인들 상당수는 개인별 정도의 차이는 있을지언정 이 부분에 대해 공감하리라 생각된다. 2019년 7월 16일부터 본격 시행된 '직장 내 괴롭힘 금지법'(일명 갑질금지법)이 정착되면 구성원을 인격체로 대우해 주는 근무풍토가 반강제로라도 조성되지 않을까 싶다.

4) 평가/처우

이 부분은 복무에 대한 평가(인사 평가) 실시와 그에 따른 처우

(급여, 승/진급, 연수, 기타 혜택 부여) 결정에 대한 내용이다. 조직 구성원이 거의 모든 직장 내 시간을 근무활동(복무)으로써 소진하는 데에 비해 평가/처우 부분이 차지하는 비중은 극히 일부분이지만 그 결과가 개인/조직에 미치는 파급력은 매우 커서 이 부분에 대한 중요성은 아무리 강조해도 지나치지 않다.

조직 규모가 작아서 아직 제대로 평가를 안 하고 있거나 이를 처우와 연동시키지 못하고 있는 곳은 별도의 문제이지만, 아무튼 대부분의 조직체에서는 인사 평가원칙을 확립해 두고 그 결과를 처우에 반영하는 제도를 운영하고 있으므로 조직구성원의 개인적 관심이 클 수밖에 없는 것이다.

① 인사 평가

인사 평가란 임직원의 업적과 역량 등 조직에 기여하는 정도를 측정하는 것으로 흔히 행해지고 있는 인사 평가 제도의 이름은 업적 평가, 인사고과, 역량 평가, 능력 평가 등의 순으로 많이 사용되고 있다고 한다. 명칭이야 어떻든 인사 평가 내용은 크게 개인의 업적(업무수행 성과)과 직무 지식(Knowledge), 스킬(Skill) 그리고 근무 태도(Attitude)등을 다루는데, '업적'을 제외한 세 가지(K. S. A)만을 따로 '역량'이라고도 칭한다. 인사 평가제도 역시 객관성과 공정성을 근간으로 하기 때문에 이를 위해 인사 평가 요소의 선정과 평가 방법 및 평가자에 대한 사전교육들이 강구되어 왔다. 다음은 인사 평가제도의 육하원칙(6W1H)이다.

누가	평가자 및 피평가자에 대한 구분 : 연구기술·사무직, 생산직(현장) 1차, 2차, 상사, 부하, 동료 ...
언제	평가 시기에 대한 구분 : 반기별, 연간, 분기별, ...
어디서	평가 영역에 대한 구분 : 전사 단일, 본사/현장 구분, 영업/생산/지원 등 구분, ...
무엇을	평가 대상에 대한 구분 : 성과[업적,목표], 역량[능력, 태도], 기타
어떻게	평가 방법에 대한 구분 : 평가요소 세분화, 평가기준, 가중치, 평가등급 부여...
왜	평가 목적(활용)에 대한 구분 : 연봉 조정, 승/진급, 성과급 지급, 인재육성, ...

② 처우

처우는 다른 표현으로 '보상'이라고도 하는데 이는 다시 금전적 보상과 비(非)금전적 보상으로 나눌 수 있다. 양자(兩者) 모두 조직구성원만족도 제고에 중요하게 작용하는데, 금전적 보상에는 어차피 재원(財源)이 소요되어서 부담 능력에 한계가 있으므로 비금전적 보상책도 많이 개발해 놓을 필요가 있다.

○ 금전적 보상: 개인에 대한 급여(연봉제 또는 호봉제) 인상, 성과급(개인/집단)지급, 특히 뛰어난 업적에 대한 보상금/격려금 등

○ 非금전적 보상: 승/진급(→ 이것은 대개 금전적 보상을 수반하는 경우가 많음), 국내외 연수, 희망 보직에 배치, (프로그램/제도에 의한) 차기 리더 후보자로 선정 등

5) 퇴직

입사해서 복무하다가 퇴직하게 되는 단계가 인사관리의 종착점으로, 퇴직하면 끝이라는 생각에서 대기업을 포함하여 대다수 기업들이 이것의 관리를 소홀히 하는 경향이 있다. 즉, 자발적 의사에 의하든 구조조정의 일환으로 물러나든 인사부서 담당자는 퇴직예정자에 대해 따뜻하게 면담을 실시함으로써, 몸담았던 조직에 대해 그가 끝까지 우호적인 태도를 견지토록 함과 동시에 혹시라도 자사에 필요한 인재가 퇴사하게 되는 경우를 예방하고 면담결과를 사내 관련 부서와 공유하여 차후 개선 방안을 수립해 둘 필요가 있는 것이다. 또한, 퇴사자와 업무인수인계가 원활히 되었는가도 전사적 차원에서 파악되어야 한다. 이를 소홀히 하는 바람에 후임 근무자가 업무수행에 곤란을 겪어 회사 차원의 문제로까지 크게 비화되었던 부정적 케이스는 필자의 여러 컨설팅 수진기업에서도 발견된다.

또 하나의 참고사항을 제시하면, 우리 한국은 아직까진 활성화되어 있지 않은 부분으로 미국이나 유럽 등에선 경력직으로 구직 신청 시 예전에 근무했던 직장으로부터 추천서를 받아 제출해야 하는데 이 추천서에는 그 사람이 재직 당시의 업무 내용과 함께 근무실적에 대한 평가의견이 기재된다고 한다. 이런 경우를 대비해서라도 기업에서는 자사 임직원에 대해 복무 관리뿐 아니라 퇴직 관리에도 신경 써서 우수한 인적자원이 사회 전반적으로 두루 활용될 수 있도록 함이 좋겠다고 생각된다.

6) 기업여건에 가장 적합한 임금체계 운용

조직구성원들의 근로에 대한 일반적인 보상은 자사 여건에 가장 적합한 임금체계를 마련하여 이를 제대로 운용해 나가는 것이다. 가장 대표적인 임금체계를 발생 순서대로 나열하면 호봉제-연봉제-직무급제를 들 수 있는데 조직체 성격에 따라 이들 형태를 혼용하거나 일부 수정해 쓰는 상황이다. 직무급제는 한국에 도입된 지 얼마 되지 않아서 정착까지는 앞으로도 상당한 시일이 소요될 것으로 전망되며, 대부분 조직체에서 적용 중인 연봉제와 호봉제의 주요 차이점을 인용하면 다음과 같다. 여기서 중소기업들이 신경 써야 할 것이, 어떤 임금체계이든 법적으로 정해 놓은 최저임금을 반드시 준수해야 한다는 점이다. 이는 단순히 지급 총액으로만 판단하지 않고 최저임금에 불산입되는 항목을 걸러 내야 함에 각별한 주의를 요한다.

연봉제와 호봉제의 비교

(출처: '임금체계에 대한 이해'-노사발전재단, 2016. 7.)

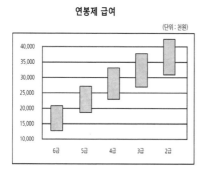

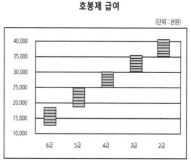

	연봉제	호봉제
공통점	직급에 따른 최저 금액과 최고 금액 설정	
차이점	직원 급여는 막대 내에 무작위 분포	직원 급여는 급여 막대 내에 실선(호봉) 안의 칸에 위치
	직급별 상·하한 폭이 호봉제에 비해 큼	호봉간격은 연공에 따른 자동 상승분을 반영한 것이기 때문에 연간 자동 상승분은 보통 2%를 넘지 않음
	하위 직급이 상위 직급의 급여를 상회할 수 있는 가능성 있음	하위 직급이 상위 직급의 급여를 상회할 수 있는 가능성 적음
	급여관리가 단순함	각 호봉들의 금액을 일일이 책정하여야 할 뿐 아니라 임금인상률을 각 호봉별 금액에 적용하고 그 적용된 금액으로 다시 전체 인상률을 확인해야 하는 복잡성이 있음

이제는 중소기업도 연봉제를 많이 채택하고 있는데 일부 기업들은 연봉제 개념과 도입 취지를 잘못 이해하여 그곳 직원들 표현처럼 '무늬만 연봉제'인 경우가 적지 않아서 이 역시 주의가 필요하다. 즉, 예전 호봉제하의 월 급여와 상여금 등을 연간으로 합산 후에 이것을 단순히 12개월로 월할 지급한다든지, 시간 외 수당은 연봉제에서는 이미 포함되어 있다 하여 초과근무시간이 아무리 많아도 추가 지급은 안 해도 되는 것으로 잘못 생각하며, 퇴직금 또한 연봉제하에선 별도로 신경 쓰지 않아도 되는 것으로 알고 있는 경우들이 그것이다.

7) 교육훈련과 인재육성

기업 등 조직체는 존재 목적을 달성하기 위해 여러 가지 경영자원을 보유하고 있는데 그중에서도 '사람'이 가장 중요한 자원으로 인식되고 있으며 이에 따라 인재의 의미가 다음과 같이 강조되어 왔다.

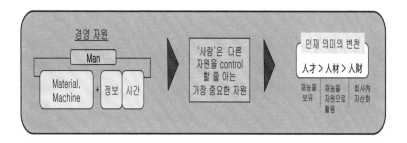

특히 영리를 추구하는 기업은 사업성과를 극대화하기 위해 우수한 인재를 많이 확보해야 할 필요성 때문에 외부 유치와 별개로 내부적으로도 교육훈련을 통해 인재육성을 해 오고 있다. 중소기업은 경영 여건의 미비와 경영진의 무관심 때문에 특히 교육훈련/인재육성 분야도 미흡한 곳이 많은데 이런 탓으로 경영 여건이 계속 악순환에 빠져드는 모순은 이제는 스스로 적극 타개해 나가야 할 것이다.

① 운영체계 제안

교육훈련과 인재육성의 효과를 제고하기 위하여 다음과 같은 운영체계를 권한다.

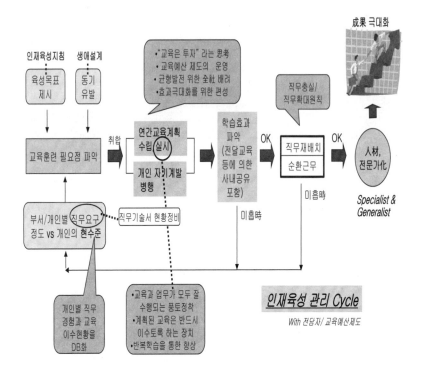

인재육성 관리 Cycle

With 전담자/ 교육예산제도

② 기본적인 교육훈련체계도 예시

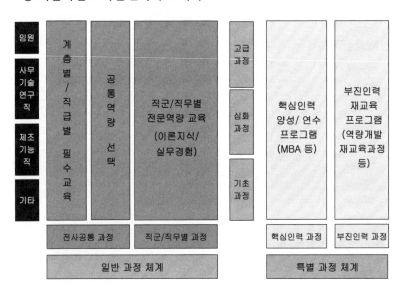

③ 인재육성을 위한 면담 제도 추천

조직에 공헌하는 인재로 육성하기 위해서는 체계적인 교육훈련뿐 아니라 정기적인 면담 제도 또한 병행할 필요가 있다. 면담 제도를 실시하고 있는 기업들도 이제는 많아졌는데, 자칫하면 개인의 고민거리나 들어 주는 평범한 고충처리 성격으로 끝날 수 있으므로 이를 경계해야 한다. 물론 이것도 면담대상에 포함할 수 있지만 그보다는 근본적으로 면담을 통해서 개인의 과거 직무 경험에서부터 현재 담당업무 및 장래의 희망[육성] 분야 등을 골고루 파악하고, 이로써 조직구성원 개개인이 핵심인재로 성장해가도록 동기부여와 함께 필요한 제도나 전략 등을 강구해야 한다.

2. 노무/산재 관리의 주요 포인트

1) 노무 관련

다른 법령에 비해 근로자의 제반 근로조건 등 강행적 조항이 많은 노동관련법(근로기준법, 최저임금법, 고용평등법 등)은 어느 조직체나 준수해야 하기 때문에 각 사는 담당 부서[원]를 지정하여 이 부분에 대한 관리를 지속해 나가야 한다. 고용노동부는 제반 근로조건의 개선과 이행을 독려하고자 소정의 점검표를 만들어서 대외적으로 공개하고, 이를 기업에서 자율적으로 작성/제출케 하여 근로감독의 일환으로 삼고 있는 중이다. 특히 주당 52시간 근로 내지 최저임금 같은 이슈들은 중소기업들에게 더욱 중요한 것이므로 잘 관리되어야 한다.

※ 점검표 명칭: '근로조건 자율개선 지원점검표 및 지원요령' (2018. 2. 2 기준: 상세본은 2015. 6. 25. 등록) → 매년 법규 개정이 되므로 항상 최신 내용을 숙지 요망

[사례 19]

지방 모처에서 오래전부터 사업기반을 다져온 S 사는 필자가 2010년에 경영컨설팅을 진행한 바가 있는데, 그 회사는 창업 이후 처음으로 행정관청으로부터 한동안 시달려야 했던 기간이 있었다. 그 기업은 초기부터 대기업 L 사의 협력사 관계를 발판삼아 설립 후 10년이 채 안 되는 사이에 매출액(억 원)과 종업원 수가 모두 세 자리 숫자를 돌파하는 등 발 빠른 성장을 해 왔는데, 어느 해에 갑자기 관할 노동청으로부터 근로조건 점검을 나오겠다는 공문을 받았다고 한다. 당시 CEO의 기억으로는 특별히 문제를 일으킬 만한 회사 내 이슈는 없었다고 했는데, 아마도 종업원 수가 100인을 초과하며 인원 증가세가 가파르다 보니 어느 날 현장 근로감독관의 점검 대상 리스트에 올라간 것으로 보였다. (→ 취업률 지표가 바닥인 상황이었다면 그냥 지나쳤을지도 모르겠다.)

그 회사는 공문 접수 후 내부적으로 대처할 시간도 별로 없이 수일 내에 감독관이 나와서 각종 문서 확인과 함께 현장근로자와 인터뷰를 마치고 돌아간 다음부터 본격적인 단련이 시작되었던 것이다. 초과근무시간 항목을 비롯하여 10건 이상에 대한 시정조치요구

서가 날아오고 대표이사가 직접 출두하여 소명하라는 요구까지 추가되어서, 그 기업은 인사부서를 비롯해 관련부서가 시정조치요구에 대한 이행계획서 제출과 그 이행에 상당한 시일을 투입해야 했으며 대표이사 또한 바쁜 업무스케줄을 쪼개어 직접 그 관청을 방문하는 수고를 할 수밖에 없었다고 한다.

2) 산재 관련

우리 한국은 산재공화국으로 불릴 만큼 매년 산업재해로 사망자 수가 많이 발생하고 있다 한다. 따라서 건설업이나 제조업 등 산재사고가 발생하기 쉬운 업종의 기업들부터 산업안전보건법 준수를 위해 임직원들에게 동 법규 및 산업재해 사례에 대한 교육을 수시로 실시하고 제반 현장에서 발생가능한 재해에 대해 예방책을 상시 강구해 두어야 하겠다.

이 부분 역시 회사 내에 안전보건을 전담하는 부서[원]를 두고서 체계적인 계획을 수립하고 실행할 수 있도록 대표이사의 주의가 요망된다. 돈과 시간이 들어간다고 이를 간과하다가 큰 사고라도 생기면 자칫 기업이 존폐 위기에 몰리고 대표이사까지 형사 처벌을 받을 수도 있음을 유념해야 한다.

3. 조직도 정비 등 조직 관리

1) 현재 상황에 맞는 조직도와 업무분장 정비

조직도(Organization Chart or Map)란 기업 등 조직체의 편제를 한눈에 나타내 주는 그림으로, 조직체는 그것을 통해 자신의 사업이나 존재 목적을 달성하기 위해 무슨 부서가 어떠한 일을 한다는 대강의 구도를 알리고자 한다. 조직도가 큰 그림이라면 업무분장은 그 토대 위에서 좀 더 자세히 업무를 기술한 내역이라고 할 수 있는데 이는 모든 부서/각 구성원별로 전개가 가능하다.

① 조직도 정비상의 주의점

조직이란 목적 달성을 위해 필요한 과업을 구성원과 연계시킨 것이기 때문에 통상적으로 조직도에는 독립된 각 단위 부서별로 부서명과 함께 적어도 책임자명이 기재되어야 한다. 이때 주의해야 할 점은 다음과 같다.

a. 부서 이름만으로도 어느 정도는 그 부서의 대표적인 과업이 연상되어야 하고(예: 영업팀, 구매팀, 생산팀…), 혹시 부서명만으로는 과업을 연상시키기 곤란하거나 조직이 세분화되어서 타 단위부서와의 차별화가 요구될 때를 대비하여 대표적인 과업명을 부서명 옆에 병기하는 경우도 많다.

b. 어느 기업은 조직도 상에 여러 부서명이 표시되었는데 비해 부

서장 이름은 전혀 없는 경우를 보았는데, 이것은 조직도가 '일 + 사람'의 결합구도를 나타낸다는 본질을 이해하지 못한 것으로 조직도라 할 수 없고 그저 단순한 '기구'(structure or system)를 표시한 것이라고 하겠다. 반면에 어느 중소기업은 규모가 작아 그런지 몰라도 조직도 내에 부서장뿐 아니라 그 부서의 구성원 이름까지 모두 적혀 있는데 이것은 조직도로서의 문제는 전혀 없으며 다만 구성원의 이동(입/퇴사-전배)이 생길 때마다 조직도를 수정해야 하는 번거로움이 수반되어야 한다는 점은 유념할 필요가 있다.

c. 조직도는 전사적 차원에서 필히 보유하고 있어야 할 중요한 내부문서이지만 대외적으로도 확인/제출용으로 쓸모가 많다. 구체적인 예를 하나 들어보면, 정부/기관에서 시행하는 제도 중에 뿌리기술전문기업 인증제가 있다. 기업이 이것을 신청하면 소정의 자가진단을 거쳐 일정 점수 이상의 신청기업에게 지방중소벤처기업청이 현장평가를 나가서 확인하는 항목 중의 하나가 품질관리 부서의 존재 여부이다. 제조업이라면 응당 이것은 필수적인 부서로 조직도에도 당연히 표시되어야 하지만, 필자가 평가위원으로서 현장평가에 임했던 사례 중에 어떤 기업은 조직도에 품질부서가 전혀 나타나 있지 않은 경우가 가끔 있었다. 굳이 이러한 평가와 연관 짓지 않더라도 조직도상에 품질 부서 표시는 상식적인 것이 아닐까.

d. 앞에서도 언급하였지만 조직도는 각 단위부서의 변동(조직단위의 신설 또는 폐지, 기존 부서의 명칭변경 등) 내지 부서책임자의

변동이 있을 때마다 그 변동사항이 반영된 최신 현황으로 유지되어야 한다. 필자가 경영컨설팅 수행차 기업을 방문 시 당황스러운 것 중의 하나는, 회사 조직도를 제출받으면 절반 이상의 경우 조직도 상에 작성일자(현재) 표시가 전혀 없었고 나머지에서도 과거의 작성일자가 수정되지 않은 채 그대로인 경우가 많았다는 점이다. 그나마 현재 상태와 달라진 내용이 없다면 다행이지만 대부분은 한두 군데 이상의 불일치 내용이 발견되어 즉석에서 보완/수정하도록 요청을 하곤 했다.

② 업무분장 정비의 절차와 주요 Tip

업무분장이란 크게는 조직체의 전체 업무를 각 부서들 간에 구획하는 것이고 작게는 각 부서에 배당된 업무를 그 부서 구성원 각자에게 다시 할당해 주는 것이 된다. 전사적인 필요 업무를 전체 구성원에게 골고루 적절히 배부하였다면 최상이겠지만 현실은 그렇지가 못하여, 필자가 기업체들의 수많은 임직원들과 1:1 면담을 진행한 결과에 의하면 불만 내지 애로사항 중 다섯 손가락 안에 드는 순위로서 업무분장 미흡을 공통적으로 꼽고 있다. 업무분장(부서 간/구성원 간)을 제대로 잘하기 위한 주요 Tip을 제시해 보면 다음과 같다.

a. 전사적으로 조직체의 설립목적과 주요 사업[업무] 분야를 명확히 정의한다.

b. 위 'a.'의 기반하에 각 조직단위/부서별로 Mission(사명)과 Role(역할)을 구체적으로 열거한다.(다음 페이지에 어느 부서의 '사명과 역할' 예시 참조) 각 단위조직별로의 사명과 역할을 전사 집계한 후, 위 'a.'와 대조하며 다시 전사 차원에서 적절하게 조정한다. 이때 고려해야 할 것은, 각 단위조직/부서의 역할(직무)을 현재 소속인원들이 감당할 수 있는지 여부와 함께 전사 차원에서 '꼭 필요한 역할'이 누락되거나 또는 중복이 없도록 해야 한다는 점이다. 이때 '꼭 필요한 역할'은 반드시 현재 시점에만 국한하는 것은 아니므로 가까운 장래에 요구되는 것은 미리 반영해 두는 것도 괜찮다.

c. 위 'b.'를 거쳐 최종 조정된 각 단위조직/부서의 역할에 대해 부서장이 소속구성원별로 1차 할당 후 각 구성원과의 협의를 통해서 최종적으로 구성원별 업무분장을 완료한다.

※ 가능하다면 위 'b.'와 'c.'의 단계와 병행하여 전 임직원들에 대해 직무분석을 의무적으로 실시하여 개인별 직무 분석서를 상세하게 작성해 볼 것을 권한다. 직무 분석서는 일반적으로 직무기술서(Job Description)와 직무명세서(Job Specification)로 구성되며 여기에 기업 여건에 따라 주요 목표나 달성과제 등을 추가로 병기하는 것도 좋다. 이와 같은 직무 분석서는 업무[량] 할당, 직무배치/전환, 교육훈련 등 인사관리의 기초자료로 쓰임새가 넓으므로 올바른 양식을 구비하여 정확히 작성되도록 해야 한다.

(경영진단팀) Mission & Role

Mission
예방적 경영 관리와 공정거래 준수 및 관련 교육과 계몽 실시로써, 正道經營의 실천을 통하여 경영성과 창출에 공헌함

Role		
업 무 명	업 무 내 용	비 고
1. 자기진단제도	•주요 업무 분야별로 선임된 자기진단인이 소정의 check list로써 자가진단을 수행토록 독려하고 그 결과의 확인 및 전사 취합과 follow-up	
2. 결산진실성 확인	•반기별로 결산자료에 대해 결산내용 검토 및 부실자산 현황 파악	
3. 내부진단 수행	•정기 또는 수시로 대상 업무의 수행 상태를 점검하여 개선책 제시 및 follow-up	
4. 對공정거래 위원회 관련업무	•공정거래위원회의 조사 또는 요청 자료에 대한 대응	
5. 공정거래자율준수 프로그램(CP)	•대외거래선 과의 공정한 거래를 위해 자율적인 업무프로그램 운영(교육 등)	
6. 경영 컨설팅 7. 제도/시스템의 보완/정비	•경영 관련 이슈에 대한 참여- 해결방안 제시 등 •필요규정의 제정/ 보완을 통한 내부 Infra 구축	
8. 정도경영 교육 9. 정도경영 계몽	•OECD 해외뇌물거래방지법 / 윤리규범실천지침(Web Based Training) •금품/향응 수수행위에 대한 사전 방지와 자진 신고 유도 및 처리 •불공정사례 신고센터, 윤리위원회사무국 운영 •기타, 정도경영 실천에 관한 이벤트 기획/실시	

2) 조직운용의 기본 원칙

어느 조직이든지 원활하게 조직을 운영해 나가길 바라는 마음이 강할 터인데, 이것의 왕도는 따로 없겠으나 대개 다음과 같은 기본 원칙을 잘 준수한다면 별 무리 없이 영위되어 갈 것으로 본다.

① 업무지시계통의 일원화

○ 의미

이것은 조직도상의 상위 조직과 하위 조직 상호 간에 업무의 지시-수행-피드백이 이루어지는 계통이 명확치 않거나 일관성이 결여

시 나타나는[나타날 수 있는] 불합리나 비효율을 제거[예방]하기 위해서 그 계통을 한 가지로 단일하게 운영해 가는 것을 말한다. 이는 조직의 규모와 관계없이 보편적으로 개선이 강하게 요구되는 이슈이기도 하다.

　　○ 일원화가 안 되어 있을 때 나타나는 일반적인 현상

조직구성원들의 생각	결과
• 이건 내 업무가 아닌데, 상사는 왜 나에게 지시하지? • 우리 회사는 업무분장이 뚜렷하지 않아. • 직무 정립이 잘 안되어있어 누가 어떤 일을 하는지 잘 모르겠단 말이야... • 우리 부서 주요 보고내용인데 중간에서 나를 빼고 이루어지다니... • 급한데, 아무한테나 시키고 보자! • -.-	• 업무의 중복 수행으로 인한 낭비 및 　타부서 의타심 야기 • 필요 업무의 진척도는 미흡 • 업무 Ownership의 희박 • 상명하복의 위계질서 해이 가능

　　○ 조직체내 적용가이드 제시(바람직한 계통)

　- 수주/매출 관련 업무(예: 견적서 송부, 고객사 등록)

　영업부서 ↔ (담당임원) ↔ CEO

　(※ 담당임원이 없을 경우는 괄호 안 생략)

　- 품질관리 업무(예: 불량률 집계/보고, 인증 획득)

　품질담당 부서 ↔ CEO (※ 품질조직은 CEO 직속으로 둠)

- A/S 업무 (예: 클레임 발생, 조치 보고)

고객 → 영업부서 → CEO → 담당 부서 조치/결과보고 → CEO → 영업부서

- 자재 관리 업무(예: 입고, 출고)

구매부서 발주 → 자재담당 입고정리 → 출고요청(전표 발행) → 자재담당 출고정리 → 재고현황 구매에 통보

(※ 출고전표 없이 임의로 출고되는 경우를 지양)

- 구매/외주 관련 업무(예: 구매협의, 발주)

필요부서 요청 → 구매부서 → 해당 거래선

(※ 필요부서가 직접 구매거래선 상대하는 경우를 지양)

② 역할인식의 통합

○ 의미

조직 내에서 상사가 부하직원이 어떠한 역할을 해 주리라고 부하직원에게 거는 기대와 부하직원이 실제로 그 역할을 수행할 것을 스스로 인식하는 것이 서로 통합(일치)되어야 함을 가리키는 말이다. 양자 간에 인식 차이가 클수록(→ 同床異夢) 업무달성이 어려워지고 상호 욕구불만이 팽배해지며 직장 사기가 저하된다.

○ 역할인식의 통합을 이루려면

회사는 ...	상사는 ...	부하사원은 ...

- 부서 및 직원 개인별로 명확한 Mission과 Role을 부여하고 이를 명문화 (필요시 경영여건 변화에 따라 이를 적의 조정)

- 적재적소 원칙에 따라 직무수행에 적합한 사람을 최적 배치

- 명문화된 Mission과 Role을 충분히 숙지하고, 부하사원과 수시로 확인을 통해 공감대 형성

- 스스로 솔선수범하여 업무수행 능력을 제고하는 노력 경주

- 명문화된 Mission과 Role을 충분히 숙지하고, 상사와 수시로 확인을 통해 공감대를 형성

- 현상에 안주하지 않고 現능력을 벗어나는 임무라도 도전하여 해결한다는 자세 보유

③ 권한의 위임(업무재량권 제정)

권한의 위임을 위해 통상 업무재량권을 제정하는데, 그 목적은 각 조직단위별/계층별로 업무를 행사함에 있어 상호 간에 권한과 책임소재를 명확히 하고 의사결정의 합리성과 신속성을 도모하는 데에 있다. 업무재량권의 세부 내용은, 전사적으로 주요 기능(영업/마케팅, 생산/품질, 구매/자재, 기획, 인사/총무, 회계/자금, 연구개발 등)별로 핵심 단위업무를 나열하고 각 업무당 **품의**(재량권자의 권한과 책임하에 최종적인 의사결정이 필요한 사항), **보고**(재량권자의 의사결정을 필요로 하지는 않으나 경영전반에 관해 참조할 수 있도록 정보를 전달해야 할 사항), **협의**(품의나 보고 이외의 사안으로서 의사결정을 하는 데 있어 관계 부서의 협조 또는 전문의견이 필요한 사항) 등의 구분을 각 직책별로 할당하고 또한 경비의 지출 사안(여비교통비, 접대비, 복리후생비 등)을 재량권자 직책별로 승인 한도액을 설정하는 내용들로 구성됨이 보통이다.

④ 통제의 한계(Span Of Control)

이것은 조직체가 성장하면서 업무량이 증대하고 구성원이 늘어나면 상사가 1:1로 직접 통솔할 수 있는 범위가 한계에 다다름에 따라 조직 운영에 애로를 겪게 되는 것을 말한다. 따라서 조직이 성장하면 그 규모에 따라 적정한 인원과 편제를 갖추고 관련제도 또한 구비하여 대응해야 함을 뜻하게 된다.

[사례 20]

T 사는 경기도 안산에 위치한 중소 제조기업으로서 2009년도에 필자한테 인사 부문 컨설팅 의뢰가 들어와 '명확한 Role과 목표체계 정립 및 조직개발 검토'라는 테마로 약 2개월에 걸쳐 컨설팅을 진행했던 기업이다. 의뢰받을 당시에 CEO의 요청사항이 '사장 자신을 포함하여 임직원 그 누가 공석이 되더라도 업무가 단절 없이 흘러갈 수 있도록 관련 체제를 구축해 달라'라는 것이었다. 따라서 필자는 임직원 개개인의 직무분석을 필두로 부서/개인 간 업무분장을 새로 명확히 하고 전 부서/계층을 망라한 업무재량권까지 정비하는 등 요청 사안을 모두 기한 내에 완료했었다.

CEO 말에 의하면 임직원들 대부분이 사장의 지시만 기다리고 스스로 하려 들지 않는다고 하였으므로 최종 발표회 전까지 수시로 임직원들과 회의 및 1:1 면담 내지 교육을 통해서도 그들의 의식개선을 도모하려 했고, 완료보고회 당일에는 CEO가 참석자(임원 및 중간관리자 이상)들에게 향후에는 새로 구축된 체계에 따라 스스로

업무진행을 할 것을 지시 및 당부토록 유도까지 한 바 있다. 그러나 완료보고회를 잘 끝마치고서 한 달 쯤 후에 사후관리 지원차 그 회사를 방문하여 점검을 해보니 문제 많았던 구매부서부터 이행이 잘 안 되고 있음을 발견하고 실망할 수밖에 없었다. 당시 그 연유를 물어본 필자에게 그 구매부서장의 답변이 매우 충격적이었다. "아니, 사장님이 지시를 해야 제가 움직이지, 시키지도 않았는데 제가 어떻게 합니까?"

　신입사원도 아니고 명색이 부서장인데, 자신이 알아서 할 수 있도록 전결권 장치를 마련하고 CEO의 다짐까지 공개적으로 받아 주었건만 이 무슨 뚱딴지같은 소리인가! 너무 황당해서 그날 CEO에게 그 부서장이 자격 없음을 거론하며 전배까지 언급했지만 CEO는 그렇게도 안 하니 그 회사의 사후관리는 그냥 어정쩡하게 넘어갈 수밖에 없었다. 그러한 어처구니없는 컨설팅 건은 필자의 경험상 전무후무한 사례로 남아 있다.

Ⅷ 회계/자금 기능

1. 회계의 구분과 활용

　회계(會計, Accounting)에 대해서는 여러 가지 개념이 제시되고 있는데 대체적으로는 '특정의 경제적 실체에 관하여 이해관계자들에게 합리적 의사결정을 하는데 유용한 재무적 정보를 제공하기 위한 일련의 과정 또는 체계'라고 정의된다. 흔히 이와 유사한 의미처럼 사용되는 경리(經理)라는 말은 광의(廣義)로는 '일을 경영하고 관리함'이요, 협의(狹義)로는 회계업무를 뜻한다고 지칭되고 있다 (통상적으로 '경리'란 광의의 뜻보다는 주로 협의의 뜻으로 사람들에게 인식되고 있음). 이러한 회계업무는 대상 분야와 이용 목적에 따라 크게 네 가지로 구분되는데 재무회계, 관리회계, 원가회계와 세무회계가 그것으로, 여기서는 세무 목적의 전문적인 세무회계는 제외하고 나머지를 언급해 본다.

1) 재무회계(Financial Accounting) 뜻과 유의사항
　재무회계란 주로 기업 등 경제적 실체의 외부이해관계자에게 해당 조직체의 재무적 자료(결산서 등)를 제공하기 위해 경제적 처리 기준(기업회계기준 등)을 준수하여 일련의 절차에 따라서 요구되는 업무를 행하는 체계라고 일컬어진다.

기업에서 매년 작성/신고하는 결산 재무제표 내지 결산보고서는 지난 1년간의 경영활동에 대한 기록자료이다. 즉 재무회계는 기업의 평소 경영활동을 수치로 옮기는 행위로서 일정 기간(→ 년, 반기, 분기, 월 등으로, 반드시 1년만을 의미하는 것이 아닌데 많은 중소기업들은 대개 1년으로 인식하는 것이 문제임)마다 결산(決算)이라는 행위를 통해 손익을 포함한 재무상황을 작성하여 내부 의사결정에 참조토록 한다. 또한 적어도 1년에 한 번 이상 외부에 공표해서 이를 이해관계자들이 적절히 참조/활용토록 하는 것이다. 따라서 제반 회계처리가 투명하고 정확하게 진행되어야 이로 인한 산출 자료를 내/외부의 정보이용자들이 신뢰하고 올바르게 활용할 수 있으므로 다음과 같은 사항을 유의해야 한다.

① GAAP(General Accepted Accounting Principles), 회계처리기준, 국제회계기준 등 해당 조직체의 유형과 성격에 따라 요구되는 회계처리 준칙을 제대로 적용해야 한다.

② 회계 처리의 시작단계인 분개(分介)부터 계정 과목 선택을 포함한 회계 거래 내용이 가장 적합하게 이루어지도록 해야 한다. 필자는 컨설팅 수진 기업의 컨설팅 테마에 따라 필요시 예전의 결산서를 세밀하게 검토하는 경우가 있는데, 어떤 기업들은 동일한 회

계처리 대상에 대해서 계정과목을 하나가 아니라 둘 이상으로 다르게 표기한 경우(예: 외부물류창고 사용료를 '제조원가 내 지급수수료' 또는 '판매관리비 내 보관료'로 기표) 라든지 비용의 본질적인 성격/내용과는 맞지 않는 계정과목으로 처리(예: 지급수수료 계정 중에 품질관리훈련비가 포함되어 있는데 이것은 교육훈련비로 기표했어야 하고, 교육훈련비 중의 인증관련 비용은 지급수수료로 처리했어야 함) 한 사례들이 있다.

이 같은 기업들의 공통점은—대다수 중소기업들이 그러하듯—기장 및 결산과 세무신고 등을 자체적으로 수행하지 않고 외부업체에게 맡기고 있다는 것이다. 이 같은 업무를 대행해 주는 회계/세무 사무소의 여직원은 대개 수십에서 수백 군데의 기업 들을 감당하다 보니 우선 업무처리 시간이 부족할뿐더러 일부에선 담당 여직원의 역량도 미흡한 까닭으로, 위와 같이 계정과목 처리 단계에서부터 오류를 안고 가는 부정확한 상황이 연출되고 있는 것이다. 그런데 정작 심각한 문제는 본 업무를 위탁한 기업들이 이런 문제를 전혀 모르고 그냥 지나치고 있는 것이어서 이에 대한 각성이 절대적으로 요구되는 바이다.

③ 보수적 관점에서 회계처리를 해야 한다. 즉, 매출은 반드시 최종 확정되어야만 세금계산서 발행과 함께 계리하고, 비용은 발생하거나 발생예상이 거의 확실하면 세금계산서 수취 여부와 관계없이 계리토록 한다.

④ 수시로 매출채권, 재고자산 등의 보유자산 가치를 장부가와 비교하여 가치 하락분에 대해서는 평가감을 제때 결산에 반영함으로써 정확도와 신뢰도를 확보해야 한다.

⑤ 수익과 비용의 차이가 즉 손익인데, 의도적으로 손익을 증감하기 위해 수익과 비용 중 일부라도 인위적인 조정이 절대 없도록 해야 한다. (조정 항목 예: 재고자산 출고액/기말평가액, 감가상각비/충당금, 대손상각비/충당금…) 이러한 분식(粉飾)회계 행동은 명백히 실정법 위반으로 자칫하면 기업대표가 형사 처벌을 받을 수 있음을 명심하여 자의든 타의든 그런 실수를 저지르지 말아야 할 것이다. 필자가 들은 바로는 일부 몰지각한 회계/세무사무소에서 기업 대표에게 접근하여 납부할 세금을 줄여 주겠다며 분식 행위를 부추기는 사례 또는 거꾸로 기업대표가 이것을 타진하는 사례가 있다고 하는데, 자신들이 무슨 세무기관도 아닐진대 합법적인 절세의 범위를 벗어나서 탈세에 이를 정도의 일탈 행동은 서로 경계해야 마땅할 것이다.

2) 관리회계(Managerial Accounting)와 원가회계

관리회계는 기업의 내부관계자(CEO/경영진, 근로자대표 등)에게 결산서 내지 기타 유용한 자료를 제공하기 위해 필요한 업무를 발굴/수행하는 일련의 행위라고 할 수 있다. 재무회계가 모든 조직체에서 반드시 행해야 하는 것임에 비해 이 관리회계는 선택적인 성격이 강하며 조직체의 규모와 성격 및 CEO의 의식 정도에 따라 그 중요도와 활용도에 차이가 많이 난다고 하겠다. 먼저 관리회계와 재무회계가 어떠한 구별점이 있는지를 간략히 정리해 보고 분류방법에 따라 원가회계를 관리회계에 포함시켜서, 이들에 관해 필자가 대기업에서 쌓은 해당 근무경험에 비추어 다음과 같이 언급해 보고자 한다.

① 관리회계와 재무회계의 주요 차이점

양자 간의 차이점은 대체로 다음과 같다.

구분	관리회계	재무회계
주된 목적	경영관리, 제반 의사결정	이해관계자 간의 이해조정
정보 이용자	내부 이해관계자	외부 이해관계자
주요 이슈	이익 창출 그 자체	이익의 산출 과정과 배분
보고서 종류	형태 무관 (자율적)	재무제표 (강제적)
시점과 대상	시점 불문: 정보 포함	과거의 (확정)데이타
준수 기준	내부 업무규정/제도 등	기업회계기준, 관련 법규
측정 척도	수량, 비율 등 비화폐적인 계수도 포함	화폐 등 회계적인 수치 중심
비고	적시성, 융통성	정확성, 적법성

② 일반적인 관리회계 활용 사례

○ 경영계획 수립 시 매출과 제반비용을 투입하여 예상 재무제표 (손익계산서, 재무상태표, 제조/용역원가명세서 등)를 산출하기까지의 과정과 체계

○ 사업[투자]타당성 검토 시 경제성 분석에 대한 내용으로서 순

현금흐름(Net Cash Flow)의 합을 계산

○ CVP(Cost, Volume, Profit) 분석방법을 이용하여 판매량과 원가(고정비 + 변동비)의 여러 조합으로써 이익을 산출해 보고 손익분기점(BEP)을 파악

○ 경제적부가가치(EVA: Economic Value Added) 계산을 적용하여 재무회계에 의한 손익보다 더욱 tight하게 손익을 산출하고 이에 의한 관리를 도모

③ 원가회계(Cost Accounting)

원가회계란 다른 표현으로 제품[용역]의 원가를 계산한다는 의미로서, 대상과 방법론에 따라 여러 가지로 분류할 수 있다. 다음은 가장 대표적인 원가계산의 예이다.

○ **사전원가계산**: 재화나 용역의 예정가격이 어느 정도일까를 산출하기 위해 사전에 구성비목(재료비, 노무비, 경비, 일반관리비)별로 투입예정원가를 계산해 보고 여기에 적정이윤(주로 계약입찰용)을 합산하여 최종 원가를 완성한다. 정부나 지자체, 공공기관과 계약하기 위해서는 통상적으로 '예정가격작성준칙'을 준수하여 작성할 것이 요구된다.

○ **사후(실적)원가계산**: 이것은 소정의 기간 내에 재화[용역]의 완성에 실제 투입된 비용을 모두 집계 후 동 기간 내의 완성량[투입공수] 총량으로 나누어 단위당 원가를 산출하는 것이다. 대개 기업의 확정된 결산내용을 바탕으로 제품[용역]별 실적원가를 산출하고

이를 토대로 하여 단위별 내지 전사 이익 관리를 하게 된다.

필자는 최초 직장생활을 시작한 곳에서 기획업무를 필두로 위 원가계산 업무도 섭렵하였는데, 이 역시 당시의 경험을 바탕으로 후일에 중소기업 대상의 경영컨설팅 사례를 성공적으로 수행한 바 있다. 특히, 제품별 실적원가계산은 몇 군데 기업을 수행하였는데 대상품목은 모두 달랐지만 각 사가 구체적인 계산결과를 접하고서 보인 공통적인 반응은 자신들이 평소에 개략적으로 추정해 온 개별제품의 실제 손익 상태가 생각보다 상당히 다르다는 사실을 깨달은 것이었다. 따라서 향후 영업/수주활동을 할 때는 이를 제대로 반영해야 하겠다며 상당히 고마움을 표하여 필자 또한 많은 보람을 느꼈던 사례이었다.

2. 자금관리 (운용과 원천)

영리를 추구하는 기업활동에 있어서 자금(돈)은 그러한 활동을 뒷받침하는 에너지원(源)인데 인체로 치면 혈액의 구실을 하는 것이다. 즉, 사람의 몸에 혈액이 부족하거나 그 흐름이 원활하지 못하면 여러 가지 병이 생기게 되고 이에 대해 적절한 치료가 행해지지 않을 시는 죽음에도 이를 수 있는데 이 같은 논리는 기업에도 똑같이 적용된다. 따라서 기업은 어느 때나 필요한 돈이 얼마인지를 파악하여 이를 자체적으로 또는 외부에서 제때 잘 조달해야 하고, 조달된 돈은 용도별로 낭비 없이 잘 집행되도록 관리해 나가야 한다.

1) 자금수지 관리

필자는 적지 않은 중소기업에서 주먹구구식으로 업무 처리하는 경우를 보아 왔는데 적어도 자금수지 관리는 그래서는 아니 된다. 언론 보도나 또는 주변에서 전하는 얘기로 기업이 '흑자도산' 하는 경우를 간혹 접하는데 이런 안타까운 케이스의 대부분은 자금수지를 잘못해서 발생한다. 자금수지를 관리할 때는 다음과 같은 양식을 사용하면 편리하다.

2020년 1/4분기 자금수지표

2019년 12월 26일 작성

단위: 백만 원

항목			월별	2020년 1월 계획	2020년 1월 조치/실적	2020년 2월 계획	2020년 2월 조치/실적	2020년 3월 계획	2020년 3월 조치/실적
경상수지	경상수입	매출수입	현금 매출						
			외상매출금 회수						
			받을어음 만기						
		영업 외 수익(수입이자 등)							
		합계							
	경상지출	매입지급	현금매입						
			외주비/물품대지급						
			지급어음 만기						
		인건비							
		지급이자							
		각종 경비							
		합계							

경상수지 과부족 (A)								
경상외수지	경상외수입	유형/투자자산 매각대금						
		기타 수입(대여금/적금 회수)						
		합계						
	경상외지출	결산관계 지급(감사비 등)						
		유형/투자자산 구입						
		기타 지출(대여금/보증금 등)						
		합계						
경상 외 수지 과부족 (B)								
재무수지	수입	장/단기 차입금						
		어음 할인						
		사채/주식발행 기타						
		합계						
	지출	차입금상환						
		주식배당, 사채상환 등						
		합계						
재무수지 과부족 (C)								
차감수지 과부족 (A + B + C)								

주)

① 영업 내지 구매 등의 관련 부서로부터 정확한 자료를 제출받아 해당 칸에 대한 계획 수치를 3개월 이동 간격으로 작성.

② 차감수지가 '부족' 예상 시 당좌차월 내지 외부차입 등의 필요수단을 사전에 확보하고, '잉여'가 되면 차입금을 상환.

③ 계획 수치에 대응하여 추후 실적 수치를 대비시켜 차이 원인을 파악함으로써 다음 계획 수립 시에 참조

2) 차입금의 적정 유지

조직체 특히 기업을 운영하려면 돈이 많이 소요되기 때문에 나의 돈(자기자본)뿐 아니라 남의 돈(타인자본)도 필요할 때가 많다. 남의 돈도 적정규모로 잘만 사용하면 재무레버리지 효과로써 바람직

한 자산운용의 결과를 얻을 수 있지만 그 액수가 정도를 초과하면 기업경영에 큰 부담으로 작용하게 되어 일순간에 기업을 무너뜨릴 수도 있는 것이다. 그 적정유지를 위한 두 가지 주요 Tip을 제시하면 다음과 같다.

① 장기저리(長期低利) 구조를 지향

단기차입금은 보통 1년 이내의 짧은 기간 내에 상환해야 해서 자금 운용상 부담을 주므로 차입 기간은 가급적 3년 이상의 중장기로 하고 이자율 또한 낮은 자금을 쓰는 게 바람직하다. 특히 정부/지자체/기관들의 정책자금은 시중은행의 자체 대출보다 저렴한 금리이므로 기업 입장에서는 정책자금이 더 유리하다. 대출금 규모 또한 업종별 대출금비율(통상 자기 자본의 500%) 이내에서 억제할 것을 권한다.

② 이자보상배율도 가급적 높게 유지

이자보상배율이란 영업이익을 이자 비용으로 나눈 비율을 말하는데, 어떤 기업의 이 값이 '1'보다 작다고 하면 일정기간 동안 벌어들인 돈(영업이익)으로는 이자 비용조차 감당이 안 되는 그러한 안 좋은 상태를 나타내는 것으로 이 경우 그 기업은 좀비 기업으로 간주되어 자체적인 생존능력이 없다고 취급된다. 따라서 차입금이 과다하면 이자 지출도 많아져서 이자보상배율이 낮아지므로 기업은 차입금 비율과 함께 이 비율도 주의해서 관리해야 한다. 기업들의 결산서가 공표되는 매년 4월이면 이 비율이 열악한 기업에 대한 언급이 언론에 빠지지 않고 등장하고 있음을 주목할 필요가 있다.

3) 유동성 개선 프로그램

유동성(流動性)이란 보유자산이 얼마만큼 빨리 현금화될 수 있는가를 나타내는 지표로 달리 표현하면 현금흐름(Cash Flow)을 가리킨다고 하겠다. 즉, 차입금에 의해 부채비율, 차입금비율이 높아져서 재무구조가 악화된다면 이를 개선하기 위해 실시하는 게 유동성 개선 프로그램이라고 할 수 있다. 이와 같은 프로그램을 실제 회사 업무에 적용한 사례의 절차를 소개하면 아래와 같다.

○ 1단계: 기업의 현 부채비율을 필요한 수준으로 낮추는 목표비율 설정

○ 2단계: 현 부채비율을 목표비율만큼 낮추는 데에 소요되는 금액 산출

○ 3단계: 그 소요금액을 각 실행항목에 배분하여 추진

(※ 실행 항목 예:

영업이익 실현 → 추가의 매출총이익 실현 또는 판관비 절감,

운전자본 축소 → 매출채권 조기회수, 재고자산 감축,

투자자산 축소 → R&D투자나 시설투자의 축소,

기타 → 유휴자산 처분 등 사업별 별도의 개선사항)

IX 총무 기능

총무(General Affairs)란 글자 그대로 '일반적인 업무'를 말하는데 여기서 '일반적'이라 함은 전사(全社) 업무에서 다른 부서의 고유 업무를 제외하여도 남게 되는 통상적으로 해야 할 일을 뜻한다고 볼 수 있다. 주의해야 할 점은, 흔히 총무부서가 자조적으로 표현하듯이 '어느 부서에서도 하지 않는 일은 총무부서의 몫'이라는 것처럼 잘못 오용되어 소속 인원에 비해 총무업무를 과다하게 부여해선 안 된다는 것이다. 기업이 처음엔 소수 인원으로 창업하다 보니 상당 기간 동안은 관리(경영지원) 부서[원]가 총무/인사/회계/자금을 모두 담당하는 경우도 있겠으나 기업이 어느 정도 성장하면 이 기능들은 반드시 분화시켜서 전담 직원으로 하여금 개별 업무를 충실히 할 수 있도록 함이 요구된다. '총무'만으로서의 주요 업무를 열거하면 다음과 같다.

1. 제반 규정/기준 관리

국가에는 헌법을 비롯하여 제반 법률과 각종 제도가 있어 공공기관을 위시하여 민간에서 각종 활동을 할 때 이들을 가이드/지침으로 삼듯이, 회사 등 조직체들도 내부적으로 여러 규정/기준을 갖추어서 구성원들의 업무수행에 반영토록 해야 한다. 이 중에는 노동 관련 법규에서 요구하는 취업규칙처럼 법규상 의무적인 것도 있고, 법규상은 아니지만 '업무재량권'처럼 내부적으로 반드시 필요한 것도 있다. 조직체 규모가 커지면 커질수록 이러한 규정/기준의 가짓수도 늘어나기 마련인데, 이런 것들을 사내 표준으로 지정하여 제/개정 내지 폐기 등의 업무를 체계적으로 관리해 나가야 한다. 그 종류가 지나치게 많을 필요는 없지만, 반대로 어떤 규정/기준이 꼭 필요한데 이를 간과하고 지나치면 조직 내 업무수행이 지연되거나 혼돈을 일으켜 업무상 손실이 발생할 수 있음도 유념해야 할 것이다. 참고로 규정/기준 목록의 예시는 본 서 끝의 부록에 인용하고자 하며, 아래에선 업무재량권 샘플(소규모 기업용)을 예시해 본다.

업무재량권(案)

업무 내용	전결권자		
	사장	임원	부서장
1. 토지 및 건물 취득에 관한 사항	○		
2. 기계장치 및 차량의 구입에 관한 사항	○		
3. 사무실 및 공장 임차에 관한 사항	○		
4. 공구, 비품, 기타 구매에 관한 사항			

(1) 3백만 원 이상 구매 사항	○		
(2) 1백만 원 이상 3백만 원 미만 구매 사항		○	
(3) 1백만 원 미만 구매 사항			○
5. 자금집행(지출)에 관한 사항			
(1) 자재비, 인건비 등 경상적 지출 5천만 원 초과	○		
(2) 上同 5백만 원~5천만 원까지		○	
(3) 上同 5백만 원 미만			○
(4) 비경상적 성격의 지출 5백만 원 초과	○		
(5) 비경상적 성격의 지출 5백만 원 이내		○	
(6) 승인미필 및 예산(계획)외 지출사항(접대비 등)	○		
6. 국내 출장/파견에 관한 사항			
(1) 임원 이상	○		
(2) 부서장 (현장소장 포함)		○	
(3) 부서원			○
7. 해외 출장/파견/교육에 관한 사항	○		
8. 임직원 급여, 복리후생에 관한 계획 수립	○		
9. 임직원 국내 연수/교육 계획(법정교육 ○, 일반교육 ◎)	◎		○
10. 임직원 채용, 휴직, 복직, 퇴직에 대한 결정	○		
11. 임직원 휴가			
(1) 임원 이상	○		
(2) 부서장 (현장소장 포함)		○	
(3) 부서원			○
12. 포상 및 징계(일반기준 수립 ○, 집행결정 ◎)	◎	○	

2. 관재(管財)

관재란 재산을 관리하는 업무를 뜻한다. 기업 등 조직체의 재산에는 여러 종류가 있으며 통상적으로 각각의 관리부서가 존재(예: 금융자산은 자금부서, 매출채권은 영업부서, 재고자산은 자재부서)하고, 총무부서가 관리하는 자산은 주로 유형자산이라고 보면 된다.

유형자산 관리 방법에 대하여는 이미 앞의 「Ⅴ. 생산 일반 기능(품질 포함) - 5. 유형자산 관리 및 실사 방법」에서 다루었는데, 생산현장 내 온갖 기계장치/공기구를 비롯하여 회사 소유의 건물/구축물/각종 설비/비품/차량운반구(회사 밖에 위치한 유형자산도 포함)들에 대해서는 총무부서가 총괄적인 관리를 맡는 게 보통이다. 다만, 그럼에도 이들 유형자산에 대한 1차적인 관리책임은 이를 직접 사용/취급하는 현업부서에 있음을 주지시킬 필요가 있다. 어느 기업을 컨설팅하고 있을 때에 마침 유형자산 실사결과를 놓고서 사용부서와 총무부서 간에 자산 분실 책임에 대한 공방이 벌어지고 있음을 목격하게 되었다. 제조부서 직원이 평소 계속 사용해 오다가 생산라인 재배치로 인해 이동시키는 과정에서 직전에 없어진 것 같은데 그 분실책임을 총무부서가 고스란히 떠안는 것이 불합리하겠기에 정중히 한 말씀을 드렸던 기억이 떠오른다.

3. 보험 부보(附保)

이것은 조직체 내의 재산을 보험에 가입하는 것이니 그 재산의 종류에 따라 보험가입 상품의 종류 또한 다양하다. 즉, 매출채권에 대해서는 매출채권보험, 재고자산에 대해서는 동산종합보험을 들고, 총무 쪽 유형자산에 대해선 재산종합보험을 가입해야 한다. 그런데, 아무런 사고가 나지 않으면 지출하지 않아도 되는 보험료인데 보험 가입하게 되면 내야 하는 돈이 아깝다고 생각해서인지 몰라도, 적지 않은 중소기업들은 보험가입이 미흡한 상태로 기업을 영위하고 있어서 다음의 사례와 같은 염려스러운 상황이 언제든지 연출될 수 있다.

[사례 21]

경기도 남양주에 사업장을 둔 U 사를 알게 된 계기는 필자가 가입한 사단법인 한국기술경영지도사회에서 정부지원을 받아 2005년도 전후로 소기업에 대한 경영진단 지원사업을 전개할 때에 그 기업이 이를 신청하면서였다. 당시 그 기업은 회사 규모는 그리 크지 않았으나 개인사업자로서 업력이 20년이나 되었고 주문생산 형태가 안정적으로 지속되며 수익성도 괜찮게 유지되어 왔었다. 하지만 진단 결과, 일부 조직기능의 보강과 함께 필수적인 규정과 작업표준의 제정이 요구되었으며 또한 재무안전성 강화 및 장기적 발전을 위해서는 경영체계의 정비도 필요한 것으로 진단을 마무리하였다. 그런데 진단 종료 이후 몇 달 지나서 통화를 하게 되었는데 CEO의 목소리가 매우 침울하기에 그 이유를 물어보니 어느 날 갑자기 사업장에 큰 불이 나서 생산기계/설비가 거의 모두 불에 탔고 건물도 붕괴되는 사고를 겪었다는 것이다. 화재는 회사 옆에 인접한 유사휘발유 제조업체에서 시작되었다는데 워낙 불길이 강한 유류 화재라

순식간에 그 회사까지 덮치면서 제대로 대응할 새도 없이 큰 피해를 보게 된 것이었다. 그 기업에선 보험을 가입하고는 있었으나 지출보험료가 많다 하여 '일부 보험' 상태로 들고 있던 터라 보험사로부터는 극히 일부의 보험금만 나왔고 불을 낸 유사휘발유 제조업체는 워낙 영세하여 피해 보상을 못 받아서 어떻게 해야 할지 모르겠다는 하소연을 들어야 했다. 추후 전해진 얘기로는, 결국 그 기업은 건물과 설비를 새로 장만하기로 하면서 그동안 알뜰하게 쌓아 놓은 기업주 재산을 고스란히 쏟아붓고도 모자라 추가로 은행 대출까지 받느라 한참 동안 무리했다고 한다.

1) 재산종합보험의 개요

재산종합보험은 동산종합보험과 같은 재물보험의 종류이며 부동산 등 재산에 대해 현대 기업 내에 상존하는 예측불가능한 다양한 위험을 하나의 보험으로 종합하여 담보하는 것으로 보험계약자의 요구에 따라 담보조건을 변경할 수 있는 Package Insurance(종합보험)이다.

2) 담보하는 위험

○ Sec I. 재물손해담보 (Property All Risk): 피보험자의 전 재산에 대한 물적손해를 담보하며 구(舊) 화재보험과 유사하다.

○ Sec II. 기계위험담보 (Machinery Breakdown): 기계장치와

관련된 물적손해를 담보하며 기계보험과 유사하다.

○ Sec Ⅲ. 기업휴지위험담보 (Business Interruption): 기업활동의 휴지(休止)로 인한 상실 이익을 담보하며 현재는 화재보험의 특약형태로 가입한다.

○ Sec Ⅳ. 배상책임손해담보 (General Liability): 제삼자에 대한 법률상 배상책임 손해의 담보로서 영업배상, 생산물 배상책임 등의 보험과 유사하며, 추가선택 특별약관 (운송위험담보 특별약관, 부보비율 조건담보 특별약관, 소요노동쟁의 특별약관 등)을 별도로 선택할 수 있다.

3) 보험가입금액

종래의 보험 가입 형태를 보면 중소기업에서는 대부분 위에서 section Ⅰ 내지 Ⅱ 중심으로만 행해져 왔다고 할 수 있는데 그것도 만약의 경우 화재발생 시 목적물의 재산적 가치를 충분히 보상받지 못하는 일부 보험이 많았다고 보인다. 따라서 보험료를 '쓸데없이 지출하는 비용'이라는 인식에서 벗어나 유사 시 '화재 등의 손실을 복구하는 유용한 수단'으로 삼아 보험에 적정한 금액으로 가입해 둘 것이 절대 요구된다. 이들 보험상품은 보험사마다 서로 다른 종류가 많으므로 가입 전에 이들을 충분히 비교 후 선택해야 한다.

4. 대외 공식창구 역할

기업 등 조직체가 업(業)을 영위하면서 대외적으로 관계를 맺는 곳이 고객[사], 구매거래선(협력사), 정부기관, 협회/단체 등으로 해마다 늘어남이 일반적이다. 이들과의 의사소통 방법은 예전엔 문서 위주로 하다가 이제는 이메일이나 카톡 등의 SNS까지로 확장되는 추세이다. 문제는, 이렇게 의사소통 수단이 다양해지며 또한 접촉 상대방 숫자도 빠르게 많아지다 보니 의견 표출이 난무해질 수 있어서 조직체 전체의 의견을 대변할 창구를 하나로 지정할 필요가 생긴다.

즉, 평소엔 당사자 간에 누구든지 자유롭게 의견을 교환하다가 어떤 경우엔 조직체의 전사적인 의견을 하나로 정리하여 이를 공식화할 필요가 생길 수 있는데, 이때 통상적으로 총무부서를 공식 채널로 지정하여 쌍방 간에 이를 인지하여 업무에 참조하는 것이다. 물론, 반드시 총무부서만이 공식창구여야 하는 것은 아니다. 각사 여건에 따라 타 부서를 지정해도 되고 또한 기업 규모가 크다면 각 사안별로 공식창구를 따로따로 둘 수도 있다. 중요한 점은 그러한 공식창구를 통하지 않은 의견 제시는 그 조직체를 대변해 주지 않는다는 인식을 쌍방 간에 공유하는 것이리라.

5. 각종 회의체 운영

기업 등 조직체들은 조직구성원 간의 원활한 의사소통을 위해 여러 가지 회의체를 사내에 두고 운영함이 일반적이다. 회의체는 회의목적과 회의참석자[회의 테마] 구분에 따라 다양하게 구성할 수 있는데, 회의를 위한 회의는 지양하고 회의 또한 업무의 연장선이라는 인식하에 소정의 성과(예: 해결방안 도출, 추진부서와 기한 지정, 최종 의사결정 등)를 낼 수 있도록 운영되어야 한다.

1) 회의 목적에 따른 구분 예

○ 정보공유회의

○ 의사결정회의

○ 보고회의

2) 회의참여대상[회의 테마]에 따른 구분 예

○ 임원/부서장회의

○ 영업/생산회의

○ 연구개발회의

○ 품질불량회의

○ 현장소장회의

○ 대리점주회의

이상의 다양한 회의체들 중에서 꼭 필요한 것만 적정시기에 개최되도록 하고, CEO가 꼭 참석해야 하는 전사적 회의(경영실적보고회의 등)는 총무부서가 직접 관리하는 것이 좋겠다.

X 기타 기능

1. IT 관리

지금은 사무환경이 IT기기의 발달로 더없이 좋아졌고 업무처리도 자동화를 넘어 스마트화로 이행되면서 Biz 영역 또한 4차산업혁명 시대를 맞이하여 빅 데이터를 기반으로 한 AI 분야 등으로 확대되어 가고 있다. 이 모든 것들 대부분은 대기업 내지 IT 전문기업들이 주도해 나가고 IT 전문가의 역할이 중대해져 가는데, 필자는 비록 IT 전문가는 아니지만 그동안의 컨설팅 경험에 비추어 중소기업들에게 공통적으로 필요한 IT Tool 내지 그 기능을 다음과 같이 간략하게 언급해 보고자 한다.

1) ERP

ERP(Enterprise Resource Planning: 전사적 자원관리)란 기업 내 생산, 물류, 재무, 회계, 영업과 구매, 재고 등 경영활동의 프로세스들을 통합적으로 연계하여 발생정보를 서로 공유하며 새로운 정보를 생성하고 이를 토대로 필요한 의사결정을 지원해 주는 전사적 통합시스템을 말한다. 이러한 ERP는 이젠 중소기업에서도 제조업, 유통업, 서비스업을 가리지 않고 이용되고 있는데 구매 패키지 또는 개발 유형에 따라 그 기능이 매우 다양하다. 다음은 모 ERP 패키지의 예시로서 총 10가지의 모듈로 구성되었는데, 대부분의 ERP는 영업-구매-급여-회계-생산 기능 등의 모듈을 공통적으로 갖고 있다.

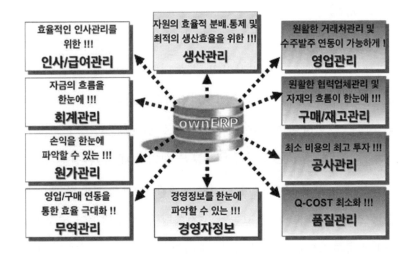

이러한 ERP를 자사 여건에 맞게 신규로 개발하고자 하는 기업에선 특히 다음의 단계별로 관리를 해 나가야 성공적으로 ERP를 도입할 수 있다. 필자가 2018년도에 현장애로해결 컨설팅을 진행했던 충남의 V 사도 추후 외부지원사업을 이용하여 ERP 개발을 추진했다는데, 시작 단계인 설계(요구분석) 단계를 소홀히 한 채 나아가다 보니 계약서상 완료 시점인데도 불구하고 수정 작업만 몇 달 째 지속하며 완료 확인을 못하여 한동안 곤욕을 치렀다고 한다.

○ 1단계(설계): ERP에 대한 수요자(수요기업)의 요구분석은 개발자(개발업체)가 리드하여 정확하고 매우 자세하게 실시해야 한다. 이 단계가 미흡하면 다음 단계가 차례대로 부실하게 되는 만큼 이 첫째 단계가 가장 중요하다.

○ 2단계(개발): 개발자가 위 설계 내용을 토대로 구체적인 코딩을 진행한다. 프로그램 내용은 대략, 입력(화면)-처리-출력(화면 및 리포트)으로 구분되는데 수요자의 부서/담당별로 입/출력 등에 관한 접근권한(read-write-execute) 부여가 또한 수반됨이 보통이다.

○ 3단계(테스트/운용): 개발이 일차 완료되면 수요자가 각자 담당업무별로 지정된 필요 데이터를 정기/수시로 입력하고 그 출력자료가 제대로 나오는지 상호 간에 테스트를 수차례 반복해서 최종적으로 아무 이상 없을 시 테스트를 종료하고 정상 운용에 들어간다.

○ 4단계(사후관리): 개발자는 개발 완료 후에도 수요자가 자사 관련 업무를 ERP와 연동하여 제대로 수행하기까지 정기 및 수시로 ERP에 대해 무상의 유지보수를 실시해야 한다. 이를 위해 수요자는 개발자와 초기에 ERP 개발계약을 체결 시 이를 계약서상에 정확히 명시해야 하며 또한 수요자는 내부 업무분장으로서 ERP 운용에 관해 각 담당부서뿐 아니라 ERP 총괄부서를 사전에 정해 두어야 한다. 여기서 주의해야 할 점은 1단계 요구분석이 미흡하게 되면 개발 완료 후에도 유상 사후관리(무상기간 경과 후) 내지 추가 개발의 여지가 많아져 운용에 따른 부담이 매우 커질 수 있다는 것이다.

2) 스마트공장

특히 현 정부에서 2019년도에 들어 더욱 박차를 가해 전개하고 있는 스마트공장구축 사업의 의의는 제조공장의 공정을 IT로 뒷받침하여 자동화를 이루며 공장운영의 스마트化를 도모함에 있다. 먼저, 공장에 대한 현 수준을 짚어 봄으로써 스마트공장의 도입 방향과 목표를 설정할 수 있는데, 현 수준을 파악할 수 있는 척도로서 전용 사이트에 공개된 것을 인용하면 다음과 같다. (p. 211)

3) 그룹웨어

기업 등의 조직체가 그룹웨어를 사내 전산망에 도입하는 이유는 대개 전사적인 공지사항 안내를 필두로 간단한 업무보고 내지 품의와 함께 이에 대한 결재 및 회사에 대한 건의사항, 제보와 이것의 처리 등을 가급적 문서화하지 않고 비대면으로 신속하게 처리하고자 함이다.

이상의 IT 업무들은 조직체 내에 전산담당(IT) 부서가 별도로 있다면 그 부서가, 아니면 총무부서가 담당토록 하면 무난하겠다. IT는 조직체들에게 본질적인 경쟁력 강화 수단일 뿐 아니라, 2019년 말경부터 전 세계적으로 유행하기 시작한 코로나 바이러스와 같은 질병으로 인해서 사회적 비대면 필요성이 요구된 때문에도 더욱 중요성이 부각되고 있다.

스마트공장 수준 단계

등급	수준단계	특성	조건(구축수준)	진단 점수
Level 5	고도화	맞춤 및 자율 (Customized & Autonomy)	모니터링부터 제어, 최적화까지 자율로 운영	950이상
Level 4	중간2	최적화 & 통합 (Optimized & Integrated)	시뮬레이션을 통한 사전 대응 및 의사결정 최적화	850~950
Level 3	중간1	분석 & 제어 (Analysed & Controled)	수집된 정보를 분석하여 제어 가능	750~850
Level 2	기초2	측정 & 확인 (Measured & Monitored)	생산정보 실시간 모니터링 가능	650~750
Level 1	기초1	식별 & 점검 (Identified & Checked)	부분적 표준화 및 실적정보 관리	550~650
Level 0	ICT미적용	미인식 & 미적용	미인식 및 ICT 미적용	550 미만

2. 보안/ 영업비밀

이젠 중소기업들도 보안 내지 영업기밀 준수에 대한 의식을 어느 정도 보유하고 있다고 생각되나 그래도 대기업 등 규모가 큰 곳에 비하면 아직도 요원한 수준이라고 판단된다. 먼저 보안이란, 자사가 보유한 시설/장비 등의 유형자산 및 S/W나 기술 등 무형자산들이 불순한 세력에 의해 공격받거나 도난 등의 피해를 받지 않도록 물리적 및 기타의 대책을 강구하는 일련의 조치를 말한다. 오늘날은 보안산업이 매우 성장할 만큼 이것만을 전문 Biz 영역으로 하는 기업도 많이 있지만 자사 내부적으로도 관련 제도를 갖추고 임직원의 의식제고 또한 요구받고 있는 현실이다. 특히 회사의 영업비밀 보호에 대해선 먼저 임직원들이 윤리의식과 투철한 직업관으로 중무장부터 해야 하는데 이를 위한 해당 법규(부정경쟁방지 및 영업비밀보호에 관한 법률: 약칭, 부정경쟁방지법-법률 제16204호, 2019. 1. 8. 일부 개정)를 검토하여 자사가 도입, 적용해야 할 부분을 담당부서 주관하에 철저히 주지시킬 필요가 있다.

3. 제품규격/시스템 인증

기업이 사업을 영위하면서 국내외 고객에게 물품을 납품하고자 할 때 상대방이 선결조건으로 제품규격 또는 자사 경영시스템에 관한 인증을 직·간접으로 요구하는 경우가 있다. 이를 위해서 기업들은 대개 전문기관의 도움을 받아 한국을 비롯한 각국에서 제정한 필요 인증을 취득해 놓아야 한다. 다음은 이 인증에 관한 몇 가지 예이다.

○ 시스템인증: ISO9001/14001, OHSAS18001, IATF16949, TL9000, ISO22000, ISO26000, ISO50001, Main Biz, Inno-Biz 등

○ 제품인증(한국): 각종 KS마크, KC, 단체표준, 조달청등록, 환경마크 등

○ 제품인증(타국): JIS(일본), CCC(중국), TCVN(베트남), CE(유럽), UL(미국), IRAM(아르헨티나) 등

부록

1. 기능별 요구되는 주요 업무 (요약)

1) 영업/마케팅

① 수주 관리
○ 일련번호를 부여함으로써 수주대장 유지하여 전체 현황 관리 (수주-생산-출하-수금: 날짜, 고객명, 품명, 규격, 수량, 금액 등)
○ 수주잔고(back-log) 파악 및 매출계획과 연계
○ 신제품의 출시일정 관리
○ 신규거래선 개척활동 관리 (방문/상담일지 운영)

② 고객[사] 관리
○ 고객사 리스트 현황 유지 및 ABC 분류에 의거한 정기적인 대응
○ 고객만족(CS)도 조사 정기 실시 후 결과 피드백을 통해서 기존 고객의 이탈을 방지
○ 정기/수시로 고객의 소리(Voice of Customer) 수렴 후 관련 업무에 반영

○ 고객에 대한 신용한도(credit) 부여, 관리

○ 고객기여도(매출, 이익 등) 평가 후 우량 고객과 불량 고객에 차별적 대처

③ 일반 영업 관리

○ 제반 현황 자료 유지하여 사내 공유 및 적기 대처

→ 매출 계획 대비 실적, 수금현황 및 매출채권회전일수 산출/관리, 고객[사]별 매출채권 잔액의 정기적 대조, 악성채권 현황과 처리 대책, 경쟁사 대비 시장점유율 분석 등

○ 매년 체계적인 매출계획 및 경영환경 급변 시 이동계획(Moving Plan) 수립

○ 고객 면담/방문기록의 충실화

○ 경쟁사 동향 수집, 분석

④ 4P + Service

○ Product: (중장기) 제품 Mix와 Line, 신제품 기획하여 개발 연계(로드맵 제정)

○ Price: 기본적인 가격정책 운용, 판가 결정에 관한 재량권 부여

○ Place: 기존 유통채널[납품수단]의 통폐합 내지 신규채널 검토, 납기 준수 최대화

○ Promotion: 매년 마케팅 예산을 세부 항목별로 편성 후 집행실적 관리(+효과 분석)

○ Service: A/S뿐 아니라 B/S(before service)도 다양하게 시도

2) 연구/개발(R&D)

○ 회사 Vision[장래상]과 연계된 중장기 제품개발 로드맵 설정, 구현

○ 매출액 대비 R&D 비율의 일정 수준 유지 및 상향 유도

○ 프로젝트별 투입인력(Man/Month)과 진행일정의 계획 대비 실적 관리

○ 프로젝트별 제반 산출물 유지/관리 (개발계획서, 개발일지, 주/월별 Time Sheet, 개발 단계별 주요 이벤트, 도면, 개발완료보고서 등)

○ 프로젝트별 성과분석(매출, 이익, 특허 출원/등록건수, 기타 파급효과)

○ 특허 등 산업재산권의 취득과 유지

○ *정부/지자체의 R&D사업 탐색 및 과제에 참여 → 자사 개발비 부담 완화 차원*

3) 구매/자재

① 구매발주(외주 포함)

○ 제때(right time)에 적정한 양(optimum quantity)을 발주한다는 원칙 유지

→ 특히, 주요 부품의 품절 방지와 함께 과다재고 억제에도 주력

○ 일련번호 부여에 의한 발주대장 유지하여 전체 현황 관리(발

주-입고-대금 결제, 날짜, 구매거래선명, 품명, 규격, 수량, 금액 등)

○ 구매가격 관리: VE를 포함한 원가절감 계획수립과 실천적 절감활동 추진

○ Vendor 관리: 복수 경쟁체제, 거래선 평가(Q, Q, C, D) 후 우량업체 우대와 불량한 곳 퇴출, 신규 발굴

② 입고 관리

○ 입고 시 발주내역대로 들어왔는지 품명, 규격, 수량 및 상태를 정확히 체크

○ 업체로부터 성적서 제출 유도 및 수입검사(IQC) 기록 유지

○ 반품시킬 것은 신속히 결정하여 시행하고 관련서류 수정

○ 입고내역은 즉시 재고수불부에 반영 (날짜, 품명, 규격, 수량, 금액…)

③ 출고 관리

○ 생산현장으로 자재 출고 시 적법한 내부 근거문서(출고요청서 등) 구비

○ 단가 산출 방법(예: 총평균법 등)을 전사적으로 결정하여 출고와 기말 재고금액 평가 시 적용

○ 출고내역은 즉시 재고수불부에 반영(날짜, 품명, 규격, 수량, 금액…)하되, 필요시 출고 목적(생산, 견본/샘플 제작 등)에 따라 각기 구분하여 기록

○ 자재 외에 제품 또는 상품 창고가 별도 있다면 각각의 출고 관

리도 위 방법 준용

④ 재고 관리

○ 창고는 생산현장과 분리된 별도 공간에 마련하고 출입문에 시건 장치 부착(사외에 마련된 창고도 마찬가지)

○ 창고 내 눈에 잘 띄는 곳에 일일 재고현황판 게시(품명, 규격, 보관 위치, 수량, 상태 등을 기록)

○ 수시로 실물 보유현황을 파악하여 수불부 재고기록(날짜, 품명, 규격, 수량, 금액)과 대조해서 불일치 현상을 해소

○ 정기/수시로 재고실사(≠재고파악)를 시행하며, 실시 전일에 실사 list를 준비하고 실물에 tag 부착

○ 재고자산(원·부자재, 저장품, 재공품, 제품)별로 재고회전일수 계산하여 관련 부서 간 공유

○ 적어도 매월 1회 부실재고(망실, 파손/불용, 진부화, 과다 보유 등) 현황을 그 대책과 함께 경영진에게 보고

4-1) 생산 관리

○ 영업 수주에 의한 생산Order(생산지시서) 발행

○ 긴급주문 처리 반영 등 생산 우선순위의 조정

○ 생산계획 대비 실적 현황(계획 수량-실적 수량-차이-대책 등) 유지

○ 생산 진행현황 총괄 지정 및 고객/영업부서 문의에 대한 대응

창구 일원화(고객명, 수주일, 품목, 수주량, 前/後 공정 진행 정도,
생산완료 예정일)

○ BOM(Bill of Material) 관리 (신규 등록, 기존 수정)

4-2) 생산 일반

○ 생산일지 작성, 주/월 생산실적 집계

○ 납품/출하 관리(고객명, 수주일, 품목, 수주량, 생산량, 배송일,
목적지, 배송수단 등)

○ 생산 관련 주요 현황/지표 유지: 설비종합효율(= 시간가동률
× 성능가동률 × 양품률), 주요설비 PM 현황, 제조공정도, 작업지도
서…

○ 품질관리 부서의 여력이 없을시 생산공정에 대한 자주(自主)
검사 기록 유지

○ 별도의 해당부서 없을 시 생산기술업무(공정 개선, 장비 개선)
도 수행

5) 품질

① 품질개선

○ 네 가지 단계별 품질검사(IQC-LQC-OQC-FQC) 결과를 지속
유지하고 전사적 관심 제고

○ 불량의 발생원인 유형별 파악과 함께 그 개선대책을 개선목표 수치와 더불어 제시

○ 개선목표 달성에 의한 불량률 감소실적 기록/관리

② 품질 관리/보증

○ 품질실명(實名)제 실시, 실패비용(failure cost) 집계/공표 및 감축 관리

○ 내부 품질감사 도입

○ 품질 관리기법(6시그마 등) 교육 실시

○ ISO 등 품질 관리시스템인증 취득과 전사적 업무 적용

6) 인사/조직

① 복무 관리

○ 채용-배치-근태-인사 평가-처우(승/진급, 급여 등)-전배-퇴직 까지의 단계별로 제도 정비 및 운용

○ 체계적인 교육훈련 → 경력 관리 → 인재육성[인재상 정립]의 단계별 도모

○ 전문인력(마케팅, 기획, 연구개발 등)의 자체 육성 내지 외부에서 확보

○ 급여/연봉의 합리적인 체계 구비 및 객관적 인사 평가에 의한 결정 유도

② 노무/산재

○ 노동관련법규 조항에 위배되지 않는지 전사적으로 해당 현황을 파악하고 개선을 추진

(예: 주당 52시간 근로 및 법정 최저임금 준수, 초과근무 시 수당지급, 연차휴가 부여, 노사위원회 설치, 고충처리 시행 등)

○ 산업안전법규 준수사항 이행 (안전 관리자, 보건/안전교육 등)

③ 조직 관리

○ 현재 상황 또는 미래에 대비한 조직도 정비와 함께 부서의 사명과 책임(R&R)을 정립

○ '직무분석'에 의한 부서/개인별 업무조정 및 정원 관리(T/O)

○ 4대 조직운용의 원칙(지시명령 계통의 일원화 등)을 전반적으로 적용

○ 바람직한 조직풍토 구축과 혁신 지향의 임직원의식(특히 CEO부터) 조성

7) 회계/자금

① 회계

○ 궁극적으로 회계프로그램 구비하여 전담자가 전표 작성과 장부 유지를 하는 자체 결산이 바람직 ('적시성' 및 '정확도' 제고가 관건)

○ 세금계산서 일련번호에 의한 발행 관리

○ 기업회계기준 및 법규에 따라 매출/매출원가 등 수입과 지출의 수치를 최종적으로 확정

○ 제반 세금신고 관련하여 가산세 부과 시, 책임소재 규명하여 조치하고 재발 방지 도모

○ 아직 외부감사 미적용 법인의 경우, 장래 외부감사 수감에 대비하여 미리 문제점을 파악하고 이를 적기에 해결(예: 부실자산의 파악과 조치)

○ CEO부터 회계담당 부서의 역할을 단순히 세무 쪽으로만 좁게 보지 말고 경영 관리 대리인으로 적극 활용(재무회계, 세무회계뿐 아니라 관리회계에까지 외연 확대 필요)

② **자금**

○ 자금 운용과 조달에 대한 계획을 정기적(연-월)으로 작성하고 실적(주-월)을 대입하여 체계적으로 관리 (자금수지표 양식 활용)

○ 차입구조를 항상 長期低利 상태로 유지 (상환기간: 단기 → 장기, 차입금리: 고 → 저)

○ 유동성(Cash Flow) 확보를 위해 유동성개선 프로그램을 수립, 시행 → 흑자도산 예방

8) 기획

○ 경영관리사이클(Plan-Do-Check-Action)이 전사적으로 통용

되도록 업무체제 정비

(예: 매년 단/중기 '경영계획' 수립-실행-매월 경영실적분석-의사결정 및 업무반영, 연/월/주간 '업무계획' 수립-실적 집계-차이 분석 후 대책 보고 등)

○ 경영이념 → VISION[장래상] → 중장기 경영지표 → 단/중기 경영계획 → 부서/개인목표 → 경영실적분석의 체계적인 경영인프라 구축(Infra Structure)

○ 정기/수시로 경영환경변화에 따른 SWOT 분석을 통해 경영전략(전사-사업-기능별)을 수립 후 업무에 반영토록 조치

○ 사업(기존/신규) 내지 사업장 이전 등에 대한 타당성(경제적/기술적) 검토 상시화

○ 전사적인 필수 업무/제도의 운영을 주관 (실행예산, KPI와 성과관리시스템, 업무재량권, 내부통제 제도 等)

9) 총무/IT/보안

○ 회사 각 기능구현에 필요한 규정/기준 등 제반 업무표준을 제정 또는 개정

○ 전사적인 주요 회의체의 운영

○ 유형자산 관리대장을 최신의 상태로 유지하여 감가상각리스트 상의 등재자산목록과 대조

○ 정기적으로 유형자산(기계설비, 공구와 기구, 비품, IT기기, JIG, 금형류도 포함) 실사를 시행하며, 실시 전일에 실사 list를 준비

하고 실물에 tag(꼬리표) 부착

○ 적어도 반기 1회 부실자산(망실, 파손/불용, 진부화, 유휴 등) 현황을 파악하여 그 대책과 함께 경영진에게 보고

○ 중장기 IT 구축계획(H/W, S/W) 수립과 단계별 실행 (제조업은 궁극적으로 스마트공장化)

○ ERP 등의 전사적인 프로그램 운영과 사용자별 적절한 권한(read-write-execute) 부여

○ 기술, 영업기밀, IT전반에 대한 적절한 보안대책 수립과 적용

10) 기타

○ 정부/지자체의 각종 지원제도를 잘 파악하고 필요시 적기에 신청(자금, 인력, 컨설팅 등)

○ 시스템, 제품 등 기업 영위에 필요한 제반 인증/규격의 적정한 취득

○ 전사(全社) 명의의 대내외 주요 계약[서]에 대하여 법률검토를 상시화

○ CSR(기업의 사회적책임), 반부패경영시스템(ISO37001) 등의 신(新) 경영사조에 동참

2. P-D-S에 의한 연간 업무계획(Biz Calendar) 예시

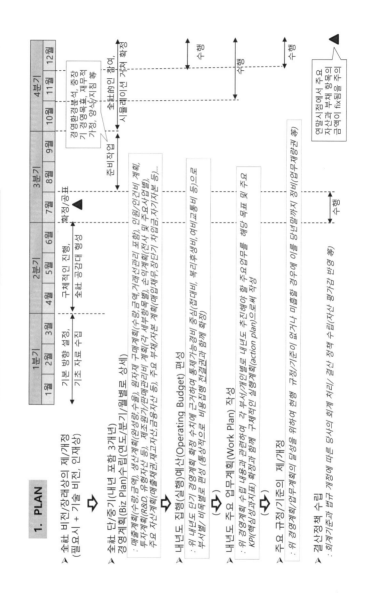

경영관리사이클(P-D-S)에 입각한
주요 BUSINESS CALENDAR 운용 例

2. DO

1분기			2분기			3분기			4분기		
1월	2월	3월	4월	5월	6월	7월	8월	9월	10월	11월	12월

➤ 확정된 경영계획[이동계획] 및
업무계획에 따른 매월 진행
(⇦) *(Consensus會의式)*

➤ 3개월 단위의 월별 이동계획수립
(매출-생산-구매 등 주요기능별)

➤ KPI에 의한 업적평가를 포함한
개별 인사평가[인사고과] 실시 ⇨
수행 *(대상기간:전년도 하반기)*

➤ 개인별 연봉 협상 내지 급여결정
수행 확정·공표 *(대상기간: 당년도 상반기)*

➤ 조직편제 개편 및 인사 발령
준비 작업

➤ 주요 자산에 대한 실사(實査)
: 재고조사는 **매월말** 매출채권및 유형자산에 대한 실사는 **반기말** 시점에서 담당부서 아닌 제3자에 의해 각각 진행 요

➤ 정기 회의체 운영
: 부서내 자체 회의外에는 별개로, CEO 주재하에 영업/생산 회의는 월 2회 이상, 품질관련회의는 월1회, R&D/마케팅 회의는 격월1회로 개최

➤ 결산서 작성/ 보고
: 정식 결산에 의해 주요 결산서류(손익계산서,재무상태변동표,제조원가명세서 등)를 정기적(기급적 **매월**)으로 작성하여 경영진에게 보고

익년도
구성

226   경영과 관리, 그 기본적 스킬

경영관리사이클(P-D-S)에 입각한
주요 BUSINESS CALENDAR 운용 例

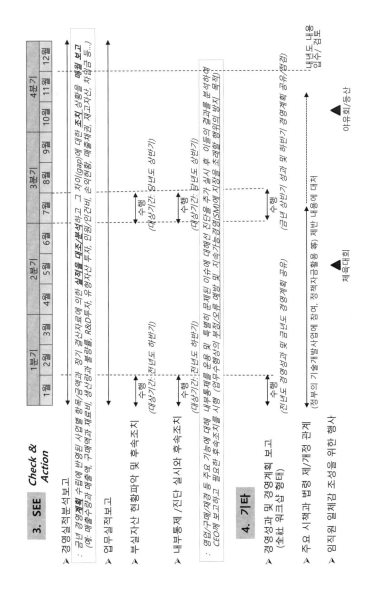

	1분기			2분기			3분기			4분기		
	1월	2월	3월	4월	5월	6월	7월	8월	9월	10월	11월	12월

3. SEE Check & Action

▲ 경영실적분석보고
: 금년 경영계획 수립에 반영된 사업별 항목/금액과 정기 결산자료에 의한 **실적을 대조/분석**하고 그 차이(gap)에 대한 **조치** 상황을 **매월 보고**
(예: 매출수량과 매출액, 구매예과 재료비, 생산량과 구매수량과 매출액, R&D투자, 유형자산 투자, 인원/인건비, 순이익현황, 매출채권, 재고자산, 차입금 등...)

▲ 업무실적보고

▲ 부서/자산 현황파악 및 후속조치
수행
(대상기간: 전년도 하반기)

▲ 내부통제/진단 실시와 후속조치
수행
(대상기간: 전년도 하반기)

: 영업/구매/제경 등 주요 기능에 대해 내부통제를 운용 및 특별히 문제된 이슈에 대해서 진단/분석 실시 후 이들의 결과를 분석하여 CEO에 보고하고 필요한 후속조치를 시행 (업무수행상의 부정/오류 예방 및 지속가능 경영(SM)에 지장을 초래할 행위의 방지 목적)

4. 기타

▲ 경영성과 및 경영계획 보고
(全社 워크샵 형태)
수행
(전년도 경영성과 및 금년도 경영계획 공유)

수행
(대상기간: 담년도 상반기)

수행
(대상기간: 담년도 상반기)

수행
(금년 상반기 성과 및 하반기 경영계획 공유)

▲ 주요 시책과 법령 제/개정 관리
(정부의 기술개발사업에 참여, 정책자금활용 等 제반 내용에 대처)

▲ 임직원 일체감 조성을 위한 행사

내년도 내용
업무/검토

체육대회   야유회/등산

3. Plan-Do-See를 반영한 조직도 예시

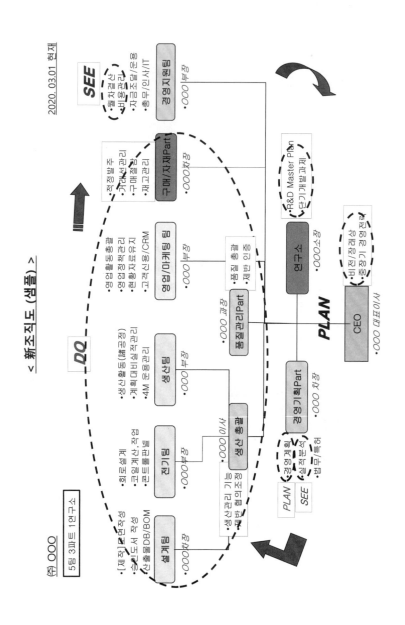

< 新조직도 (샘플) >

2020. 03. 01 현재

예 OOO

5팀 3파트 1연구소

DQ

SEE

경영지원팀 · OOO부장
- 예산결산
- 비용관리
- 자금조달/운용
- 총무/인사/IT

구매/자재Part · OOO차장
- 적정발주
- 거래선관리
- 구매절감
- 재고관리

영업/마케팅팀 · OOO부장
- 영업활동총괄
- 영업정확관리
- 현황자료유지
- 고객신용/CRM

품질관리Part · OOO 과장
- 품질 총괄
- 제반 인증

생산팀 · OOO부장
- 생산활동(諸공정)
- 계획대비실적관리
- 4M 운용관리

생산 총괄 · OOO부장

전기팀 · OOO부장
- 회로설계
- 공정계산/작점
- 콘트롤판넬

설계팀 · OOO차장
- [제작]도면작성
- 승인도서 작성
- 산출물DB/BOM

생산관리 기능
협업이 주조정력

연구소 · OOO소장
- R&D Master Plan
- 단기개발과제

PLAN

CEO · OOO 대표이사
- 비전/정래상
- 중장기 경영전략

경영기획Part · OOO 차장
- 경영계획
- 실적분석
- 법무/특허

PLAN
SEE

228 경영과 관리, 그 기본적 스킬

4. 회사 운영에 필요한 규정/기준 목록 예시

- 감사규정
- 감사업무재량권개정
- 개발계획수립기준
- 거래선등록및물품대지불기준
- 검증.측정 및 시험 규칙
- 경비예산관리규칙
- 계측기 검교정 기준
- 고객품질SPEC기준_New
- 고객품질불만처리기준
- 고정자산관리규칙
- 고정자산취득기준
- 관리자서명등록기준
- 교육훈련규칙
- 구매업무규칙
- 근태관리기준
- 기구개발업무기준2_1
- 기구개발업무기준2_2
- 기능직승급기준
- 기능직진급기준
- 내부품질진단_업무규칙(1)
- 단가관리업무기준
- 단종모델SVC자재확보기준
- 단종모델서비스_보유량산정및관리기준
- 당직근무규칙
- 도입자재조달업무기준
- 리스자산관리기준

- 매출거래선관리운영규정안
- 무검사운영기준
- 무환수출입관리기준
- 문서기록자료관리규칙
- 문서수발운영기준
- 법무관리기준
- 법인카드관리기준
- 변경인정시험기준
- 보세공장관리규칙
- 보세화물관리기준
- 보안관리규칙(양식)
- 보안관리규칙1
- 부실자산처리기준
- 부적합자재관리기준
- 부품개발업무기준
- 부품검사지도서 작성기준
- 부품인정시험기준
- 비상시_업무처리_규칙
- 사내식당운영기준
- 사무기술직_채용기준
- 사무기술직승진급기준
- 사무용비품관리기준
- 산학장학생선발및관리기준
- 상여금지급기준
- 상품기획단계업무기준
- 샘플링운영기준

- 생산계획수립기준(내용)
- 서식관리기준(new)
- 설계도면관리기준
- 설비구매업무규칙
- 설비구매업무규칙개정요약
- 설비및JIG설계도면관리
- 업무재량권forCFO
- 여신한도재량권案

- SW운영 및 관리기준
- 설비도입절차기준
- 소방시설 관리기준
- 수급업무기준
- 수선성 경비 구매업무기준
- 수입검사업무규칙
- 수입통관업무기준
- 수질관리기준
- 수출미수금관리기준(개정)
- 수출통관업무기준
- 시설재관세감면
- 안전보건관리규칙
- 안전작업허가기준
- 업무가지급관리기준
- 여비기준
- 연구소기술자료관리기준
- 열기구관리기준
- 외국어평가기준(3)
- 외환관리기준
- 용도구매업무기준
- 원부자재관리기준
- 유독물관리기준
- 이동물동계획 운영기준
- 이상발생처리기준
- 인사고과기준(0)
- 인장관리규칙

- 인터넷 정보보호 기준
- 인포멀그룹운영기준
- 임가공외주단가산정 및 소급적용기준
- 임가공외주처선정기준
- 자금관리규칙
- 자재발주업무기준
- 자재보관관리기준
- 자재수율관리기준
- 자재입고업무기준
- 자재입출고업무규칙
- 자재재고분석기준
- 자재출고업무기준
- 작업(검사)지도서_작성관리기준
- 작업점검표 관리기준
- 작업지도서작성기준
- 작업지시서작성및관리기준
- 장기불용재고관리기준
- 장비Claim처리 업무 규칙
- 장비Parts개발업무기준
- 장비관리업무규칙1
- 장비및부품국산화업무기준
- 전사소프트웨어_운영기준
- 전산장비투자기준
- 전자파사후관리운영기준
- 제안운영규칙(내용)
- 제품개발업무규칙(1)

- 제품개발업무규칙(2)
- 제품수불운영기준
- 제품인정시험기준
- 제품입출고관리규칙
- 제품재고관리기준
- 제품창고관리기준
- 제품폐기업무처리기준
- 제품환경영향평가기준
- 중앙통제실운영기준
- 직무발명보상기준
- 직무발명포상기준
- 징계운영기준
- 출하검사부적합품 처리기준
- 출하검사업무규칙
- 출하검사한도견본관리기준
- 취업규칙표준
- 통문증관리규칙
- 통신설비 운영규칙
- 투자관리규칙표준
- 폐기물관리기준
- 환경안전_내부진단 업무규칙

- BOM작성사후관리기준
- BuyerSample관리기준
- Chemical수입검사 기준
- CI운영기준
- CMS운영기준(P2)
- CS업무규칙
- DA관리기준(개정)
- Domestic_자재조달업무기준
- ECN발행및관리기준
- IR관리기준(제정)
- IT 시스템 통제 기준_최종
- Lotid부여기준
- M재공품관리기준
- M제품관리기준
- P제조업무규칙
- QA_Manual_V6_1
- Qual업무기준
- SVC자재운영기준표준
- SW사용및관리세칙
- UT설비관리규칙
- 작업지도서 작성및 관리 기준
- 투자_경비재량권(CFO,CEO승인필)
- 포상운영기준
- 표준관리규칙(4)
- 표준시료제작관리기준
- 표준운영기준(5)
- 표준작성기준(4)
- 품질매뉴얼V6_1
- 품질비용관리규칙
- 품질회의운영기준
- 하도급거래업무기준
- 학자금지급기준
- 한도견본운영기준
- 해외주재원 복리후생기준
- 해외주재원급여규칙
- 해외지사경비 회계처리 기준
- 협력회사SCR관리기준
- 협력회사선정기준
- 협력회사지도진단업무기준
- 협력회사평가기준
- 환경및Utility검사기준
- 환경안전_부적합 및 예방조치 기준
- 환경안전_협력회사관리기준
- 환경안전사전심사기준
- 환경안전종합평가기준
- 환경영향평가규칙
- 환안보건매뉴얼(000816)
- 환입품_관리_기준
- 회로개발업무기준

5. 경영계획 작성양식 예시 (일부)

1) 매출

3. 매출(수량)
(기존제품/신제품, 내수/수출 각각 구분 要)

※ 세부 산출 근거 별첨 要

(단위: K pcs)

구분	2020년 (4Q) 추정실적	2021년 계획													증감율 (%)
		1월	2월	3월	4월	5월	6월	7월	8월	9월	10월	11월	12월	계	
계															

구분	2021년도	2022년도				2023년도				2024년도			증감율 (CAGR)
		1/4분기	2/4분기	3/4분기	4/4분기	1/4분기	2/4분기	3/4분기	4/4분기	상반기	하반기	계	
					계				계				
계													

(주)000
6. 인 원

(제조, 일반관리/ 판매, R&D로 구분 작성)

[단위 : 명]

분류	2020년말	2021년					2022년			2023년			2024년	비고
		1/4분기	2/4분기	3/4분기	4/4분기	연평균	상반기	하반기	연평균	상반기	하반기	연평균	연평균	(CAGR)
임원/관리직														
사무기술직														
생산직														
기 타														
계														
(1인당 매출액 : 백만원)														
(기타 참조지표)														

증감 사유 (직전 기간 대비)

분류		2021.1/4	2/4분기	3/4분기	4/4분기	연평균	'22 상반기	'22 하반기	'22 연평균	'23 상반기	'23 하반기	'23 연평균	'24 연평균	비고
인원 증감내역	임원/관리직													
	사무기술직													
	생산직													
	기 타													
	계													

3) 재료비

8. 재료비
(원부자재, 상품 각각 구분 要 ; Import 별도 표시)

※ 세부 산출 근거 별첨要

단위 : 백만원(1,000 U$)

분류	2020년 (4Q) 추정실적	2021년 계획													
		1월	2월	3월	4월	5월	6월	7월	8월	9월	10월	11월	12월	계	증감율 (%)
계															

분류	2021년도	2022년도				2023년도				2024년도			증감율 (CAGR)
		1/4분기	2/4분기	3/4분기	4/4분기	계	1/4분기	2/4분기	3/4분기	4/4분기	계	상반기	하반기	계
계															

4) 매출채권

14. 매출채권

2020년말	2021. 1월			2월			3월			4월		
채권액	당기증가	당기감소	기말채권	당기증가	당기감소	기말채권	당기증가	당기감소	기말채권	당기증가	당기감소	기말채권
(a)	(b)	(c)	(d)	(e)	(f)	(g)	(h)	(i)	(j)	(k)	(l)	(m)
			(= a+b−c)			(=d+e−f)			(=g+h−i)			(=j+k−l)

2021.4월말	5월			6월			7월			8월		
채권액	당기증가	당기감소	기말채권	당기증가	당기감소	기말채권	당기증가	당기감소	기말채권	당기증가	당기감소	기말채권

2021.8월말	9월			10월			11월			12월		
채권액	당기증가	당기감소	기말채권	당기증가	당기감소	기말채권	당기증가	당기감소	기말채권	당기증가	당기감소	기말채권

2021년말	2022. 1/4분기			2/4분기			3/4분기			4/4분기		
채권액	당기증가	당기감소	기말채권	당기증가	당기감소	기말채권	당기증가	당기감소	기말채권	당기증가	당기감소	기말채권

2022년말	2023. 1/4분기			2/4분기			3/4분기			4/4분기		
채권액	당기증가	당기감소	기말채권	당기증가	당기감소	기말채권	당기증가	당기감소	기말채권	당기증가	당기감소	기말채권

2023년말	2024. 상반기			2024. 하반기		
채권액	당기증가	당기감소	기말채권	당기증가	당기감소	연말채권

채권 회전일수 계획 (연평균: 日)	2020년	2021년	2022년	2023년	2024년	CAGR

주) 1. 영업부서/담당자별, 내수/수출, 외상매출금/받을어음 으로 구분 작성 要.
2. '증가'는 기간 중 매출 발생으로 인한 증가금액임. (채권인식은 보통 세금계산서 발행일기준임. 현금매출분은 증가 無)
3. '감소'는 기간 중 매출채권 회수로 인한 감소금액임. (주의: 어음수령분은 만기일 도래시까지 잔액 유지)
4. 채권 회전일수 계산식 → 회전일수 = (대상기간 평균채권액÷1.1) / 대상기간 매출액 × 대상기간일수
   → 수출채권액은 부가세 없으므로 1.1로 나누지 않음

5) 경영과제

23. 단/중기 경영과제

구분 / 분야	주요 문제점/이슈	이를 해결하기 위해서 추진해야 할 경영과제	과제 평가 (最上5- 中3- 最下1)						우선순위	추진시기
			중요도	시급성	난이도	시간소요	비용투입	소계		
영업										
생산/품질										
구매/자재										
연구/개발										
경영지원										
전사 공통